税務署員だけのヒミツの節税術

あらゆる領収書は経費で落とせる
【確定申告編】

大村大次郎
Omura Ojiro

Chuko Shinsho La Clef
437

中央公論新社

まえがき

本書は、2011年の秋に出した『あらゆる領収書は経費で落とせる』の続編です。

前書では、主に「会社の税金」を対象としたものでしたが、今回は、確定申告をする人たち、個人事業者やフリーランサーを対象にしたものです。

今回も「あらゆる領収書は経費で落とせる【確定申告編】」という、ふざけたようなサブタイトルがついていますが、これは一定の手順を踏めば「あらゆる支出が、事業の経費として落とせる」ということです。会社と同様に、個人事業者の場合も、それは可能なのです。その手順を詳しく解説する、というのがこの本のまず第一の趣旨です。

それと、個人事業者、フリーランサーの方は、経理や税金に関して経験が少ないことが多いものです。特に事業を始めたばかりの人、独立したばかりの人は、経理や税金に、ちんぷんかんぷんという方も多いかと思われます。そういう方々のために税金の初歩的なことも書いてあります。

また確定申告について、本当に実践的な情報はあまり流れていません。

たとえば、世間では「確定申告は青色が有利」ということがよくいわれます。しかし、青色申告は必ずしも、個人事業の方全般に有利になるものではありません。フリーランサーなどは、最初は白色申告をしていた方が、得になることも多々あるのです。

本書では、そういう実践的な情報もずっしりと詰め込んでいきたいと思っています。

そして、今回はサラリーマンにも役立つ情報をたくさん載せております。

サラリーマンの方は、税金に関して諦めきっている感がありますが、決して諦めなければならないものではありません。サラリーマンでも、節税のやり方はけっこうあるのです。サラリーマンは、残念ながら「あらゆる領収書は経費で落とせる」というようなことはありません。ですが、実は今よりもずっと税金を安くする方法はあります。

たとえば、「温泉に行って税金が安くなる方法」があるのをご存知ですか？　おそらくほとんどの方は知らないでしょう。そういう〝誰でも知っていれば役に立つ方法〟をご紹介しております。

本書を手に取ってもらえれば、どんな方でもなんらかの節税のお役に立てるものと自負しております。

目次

まえがき　3

第1章　サラリーマンのほとんどは税金を払い過ぎている！　15

サラリーマンでもかなり節税できる　16
サラリーマンの税金を安くする仕組みとは？　17
「所得控除」を使えば誰でも所得税が安くなる　19
なぜ税務署員は扶養家族が多いのか？　21
リストラされた夫も配偶者控除に入れられる　24
年末に結婚すれば税金が安くなる　26
妻の年収が103万円以上でも所得控除は受けられる　28
盗難、自然災害、シロアリ駆除、雪下ろしも所得控除の対象になる　30

10万円以下でも医療費控除が受けられる　32
通院のタクシー代を医療費控除に入れる方法　34
温泉、スポーツジムに行って税金を安くする　36
社会保険料控除の裏ワザ①——過去の分、前納した分も控除できる　40
社会保険料控除の裏ワザ②——家族の社会保険料も払ったことにできる　42
「生命保険は掛け捨てが有利」はウソ?　44
生命保険料控除の古い制度　46
生命保険料控除の新しい制度　47
あなたは地震保険料控除を知っているか?　48
震災被災者や母校に寄附したら税金が安くなる　50
バツイチ男子も忘れずに受けたい寡婦（寡夫）控除　51
家を買うなら平成25年のうちに買おう　54
共働き夫婦は、住宅ローン控除がダブルで受けられる!　59
障害者控除、勤労学生控除も忘れずに　60

第2章　確定申告のポイントは〝公私混同〟　63

「あらゆる領収書は経費で落とせる」とは？　64
「公私混同」こそ個人事業者の醍醐味　68
家賃、光熱費から旅行費用まで経費で落とす　70
ただ領収書をかき集めてもダメ！　72
家賃を計上しよう　73
店舗を借りている事業者も、自宅の家賃を経費に計上できる！　77
個人事業者は交際費が使い放題！　79
朝食代も昼食代も交際費で落とせる　81
パソコン、家具……なんでも経費で落とせる　83
携帯電話代を経費で落とす　85
書籍、雑誌代を経費で落とす　86
運転免許費用を経費で落とす　87
英会話の受講費を経費で落とす　88

旅行代を経費にする方法　90
スポーツジム、観劇のチケット代も経費で落とせる　91
福利厚生費の注意事項　94
キャバクラ代を経費で落とす方法　96
ただし、やり過ぎてはダメ――「社会通念上」という壁　99

第3章　知らないと損する確定申告の裏ワザ　101

妻や家族に給料を払う――「専従者控除」という裏ワザ　102
浮き沈みが激しい業種には、特別減税制度がある！　106
国民年金基金を使った節税　110
「共済」はうってつけの節税アイテム　113
儲け過ぎた収益を将来に持ち越す方法――倒産防止共済　117
小規模企業共済に入ろう！　122

車の購入費も経費で落とす　124
減価償却なんて実は簡単！　126
4年落ちの中古車を買えば、節税効果が大きい　129
自家用車を事業用に組み入れる方法　131

第4章　本当は危ない青色申告　133

青色申告には罠がいっぱい　134
青色申告は経理初心者にはむちゃくちゃ大変　137
白色申告ならどんぶり勘定でいい？　139
会社と個人事業の違いは登記をしているかどうかだけ　141
個人事業者の税金は単純　143
会社と個人事業者の税金の違い　146
会社を作ったら本当に税金が安くなるのか？　147

領収書じゃなくてもレシートで大丈夫　151
領収書をもらい忘れたとき、どうすればいいか？　152
領収書等をほとんど残していない時はどうすればいいか？　155
領収書なしで概算で確定申告する方法　158
概算での確定申告は実は税務署でもやっている　160
実態とかけ離れていなければ税務署が否認するのは難しい　162
確定申告の期限は3月29日？　164
納め過ぎた税金は1年以内なら取り戻すことができる　166
税務署の相談室は使えるか？　168
なにもかも税務署で相談するのは賢くない　169

第5章　税務署に騙されるな！　173

税務署員はノルマに追われているセールスマンと同じ　174

国税調査官のノルマ偽装事件とは？　176
「税務調査＝脱税」ではない　178
税務署は鬼でもなければ神でもない　179
税務調査には「事前予告調査」と「抜き打ち調査」がある　182
あなたにも税務調査は来るのか？　184
どんな事業者が税務調査を受けやすいか？　186
税務調査をされにくい申告書の作り方　187
税務調査の日程はずらすことができる　189
売上は抜いてはいけない　192
「税務署が正しい」と思ったら大間違い　194

あとがき　198

本文DTP・図表作成／市川真樹子

税務署員だけのヒミツの節税術

あらゆる領収書は経費で落とせる【確定申告編】

第1章
サラリーマンのほとんどは税金を払い過ぎている！

サラリーマンでもかなり節税できる

本書は自営業の方を主な対象にしているのですが、この章に限っては、全般的に、サラリーマンの方々にも、直接役に立つ方法が満載です。自分でいうのもなんですが、この章だけでも読んでいただく価値があると思います。

サラリーマンの方って、税金に関して諦めきっている感がありますよね？

「どうせ俺たちの税金は、会社から天引きされているから、節税の方法なんてない」と。

しかし、サラリーマンの方々の税金を安くする方法が、まったくないというわけではありません。というより、サラリーマンの方々もやり方によっては相当な節税ができるのです。サラリーマンの方には「あらゆる領収書は経費で落とせる」とまではいきませんが、思っているよりはずっと税金が安くなります。

たとえば、一定の条件をクリアすれば、温泉に行った費用が、所得から減額され、税金が安くなるのです。スポーツジムに行った費用も、同様に税金が安くなることがあります。

また、地震、台風、大雨などの自然災害で損害を受けたり、家を修理した場合にも税金は安くなります。シロアリを駆除したり、スズメバチの駆除をしたような場合にも税金が安くなります。災害を受けた方などに寄附をした場合にも、税金が安くなります。

そういう情報って、なかなか巷《ちまた》には出回りませんよね？

実はほとんどのサラリーマンが知識さえあればある程度、税金が安くなるといわれています。つまり、ほとんどのサラリーマンは税金を払い過ぎているのです。

この章では、サラリーマンでも使える節税方法を順次ご紹介していきたいと思います。

サラリーマンの税金を安くする仕組みとは？

税金を安くするというと、経費をなるべく多く計上することで事業の利益を減らす、ということをイメージされると思います。しかし、所得税を安くする方法は、それだけではありません。

というのも、所得税（住民税も含む）の計算には、「所得控除」というものがあるからです。

所得控除というのは、結婚している人、子供が多い人などには、税金を減らしてあげたり、生命保険をかけたり、地震保険に入っている場合には、税金がかかる所得を減額してあげますよ、という制度です。「扶養控除」「生命保険料控除」などの言葉を聞いたことがある人も多いでしょう。

この所得控除は、「事業の利益」や「サラリーマンの給与所得」に対して、さらに差し引かれるのです。

所得税の計算式を今一度、確認してみましょう。

自営業者、フリーランサーの利益は次の式で算出されます。

売上 － **経費** ＝ **利益** ※サラリーマンにとっては給与所得

所得税は、この利益に税率をかけて算出するのではありません。

この利益から、さらに所得控除というものを差し引いて残りの額に、税率をかけるのです。

次の式のようになります。

利益 － 所得控除 ＝ 課税所得

課税所得 × 税率 ＝ 所得税

この式を見ればわかるように、所得控除を増やすことでも、税金を安くすることができるのです。

そして、この所得控除というのは、自営業者、フリーランサーだけではなく、所得税を払っているすべての人に適用できます。だから、サラリーマンであっても、所得控除を増やして税金を安くすることができるのです。

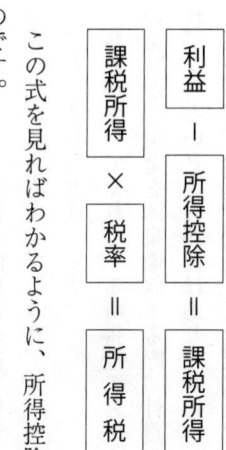

「所得控除」を使えば誰でも所得税が安くなる

所得控除というのは、世間に出回っている情報が少ないものです。

結婚して配偶者がいる人が受けられる「配偶者控除」、家族を扶養している場合に受けられる「扶養控除」などは、ご存知でしょう？

でも、この他にもよく知られていない所得控除もあるのです。本当は、その所得控除を受ける資格があるのに、受けていない人もたくさんいます。だから、所得控除をきちんと使えば、誰でもある程度の節税はできるのです。

「そんなこと知らなかったなあ。なぜ税務署は教えてくれないんだ？」

と思った方もおられるでしょう。

所得控除を受けるのは、その人の「権利」であり、「義務」ではありません。所得控除は、申告をせずに自動的に受けられるものではないのです。

「サラリーマンの税金関係は全部会社がやってくれているはず」

と思っている方も多いでしょう。

でも、それも勘違いです。

会社がやってくれている所得控除というのは、必要最低限のことだけです。会社は、社員の給料から税金を源泉徴収する際、社員の受けられる所得控除をすべて確認し、申告しなければならないという義務はありません。

だから、「扶養控除」や「配偶者控除」「生命保険料控除」など、ごくごく一般的な所得控除は、社員に確認して申告してくれますが、他の細かい所得控除は確認しないのです。会社の経理の方も、わざわざ仕事が増えるようなことはしたくないのです。

「あなたは、この所得控除を受けられるんじゃないですか？　受けた方がいいですよ」などと親切に、手取り足取り節税の手伝いをしてくれるわけではないのです。

また所得控除の中には、会社の経理の方でも、なかなか知らないようなものもありますし、会社の中だけでは完結しない所得控除もあります（確定申告しなければ受けられない所得控除もあるということです）。

ですから、サラリーマンの方も、自分が受けられる所得控除があるかどうか、ぜひ確認してみてください。

では、次項以下で、〝使える所得控除〟をご紹介していきましょう。

なぜ税務署員は扶養家族が多いのか？

所得控除に関しては、面白い話があります。

実は、税務署員は普通のサラリーマンよりも扶養家族が多い、というものです。

なぜだと思いますか?

税務署員は家族思いだから、よく家族の面倒を見ているんだろう?

違います。

税務署員は、「扶養控除」を最大限に使っているということです。扶養家族が増えれば、扶養控除が増えますからね、その分、税金が安くなるわけです。

税務署員は、どういうものが扶養控除になるかをよく知っています。そして、扶養控除にできる範囲というのは、世間で思われているよりかなり広いのです。税務署員というのは、税金のプロですからね。彼らは税金で食っているんだから、税金もすすんでたくさん納めていると思ったら、大間違いです。自分たちの知識をフルに活用して、なるべく税金を払わないようにしているんです。

おっと、話が横道にそれましたね。

扶養控除の話でした。

扶養控除というのは、扶養している親族(16歳以上)がいる人が受けられるものです。対象になる親族は、6親等内の血族か3親等内の姻族です。血族というのは、自分の血のつながった親戚のこと、姻族というのは妻や夫の親戚のことです。

で、この扶養控除には、裏ワザというようなものがあります。

というのは、扶養というと、一緒に暮らして面倒を見ている家族だけのことと思われがちですが、必ずしも同居していなければ扶養に入れることができないわけではありません。

だから、別居していても、田舎の両親の経済的な後ろ盾になっているような場合は、両親を扶養控除に入れることができるのです。ただ、両親が所得なしの状態になっていないとなりませんが（65歳以上の場合、年金収入一人約１２０万円以下）。

また同居していない人を扶養に入れる場合、仕送りなどの額にはこれといった基準はありません。だから仕送り金額の多寡にかかわらず、その人の生活の経済的な責任を持っていれば、扶養にしている、ということになるのです。

まったく仕送りしていないのに、経済的な後見人になっているので、扶養に入れているという人もいます。これが妥当かどうかは、判例がないのでわかりませんが、「いくら以上、仕送りしていないと扶養には入れられない」という明確なルールがあるわけでないことは確かです。

またフリーターやニートの息子、娘ももちろん扶養控除に入れることができます。一度、就職して、一旦は扶養控除からはずれたけれど、仕事をやめた息子、娘なども扶養控除に入れることができます。

　扶養控除というのは、同居の有無とか家族の年齢などにかかわらず、その親族に収入がなく経済的な面倒を見ていれば、扶養に入れることができるというものなのです。

　控除できる額は表1のとおりです。

表1　扶養控除の額

扶養親族が70歳未満の場合	
一般の扶養親族	38万円
特定扶養親族	63万円

扶養親族が70歳以上の場合	
同居老親等以外の人	48万円
同居老親等	58万円

※特定扶養親族とは、その年の12月31日現在の年齢が満19歳以上満23歳未満の人をいう

※同居老親等とは、70歳以上の扶養している親族のうち、納税者かその配偶者の父母や祖父母などで、常に同居している人をいう

※16歳未満は、子ども手当が支給されるため、扶養控除は対象外となる

リストラされた夫も配偶者控除に入れられる

　結婚されている方なら、配偶者控除ってご存知ですよね？

　配偶者控除というのは、収入が１０３万円以下（パートなど給与所得の場合）の配偶者がいる人が受けられる控除です。配偶者というのは、妻か夫のことです。

よくいわれることですが、奥さんがパートに出るような場合、収入は１０３万円以下に抑えた方がいいですね。

この配偶者控除で気をつけなくてはならないのは、妻が働いていて、夫が無職（無収入）の場合も、夫を対象に扶養控除を受けられるということです。今のご時世では、夫がリストラされて妻だけが働いているという夫婦もけっこういるのではないかと思われます。そういう夫婦でも、配偶者控除は受けられるということです。

「世帯主が夫になっているので、夫は扶養控除に入れることができない」

などという都市伝説もあるようですが、これはまったくのデマです。世帯主うんぬんと税金の申告はまったく関係がありません。世帯主が誰であろうと、収入がなくて配偶者に扶養されている人は、配偶者控除の対象にできるのです。

「妻の扶養に入るのは、世間体が悪い」

と思う人もいるかもしれませんが、扶養に入っているかどうかなどという情報は、外部に漏れたりしません。戸籍に載ったり、住民票に記載されるわけでもありません。妻の会社の経理の人が知るくらいです。配偶者控除を受ければ、少ない人でも５万円程度、多い人では数十万円の節税になります。見栄を張らずに、受けた方がいいと思います控除額は以下の通りです。

配偶者が一般の人	=	38万円
配偶者が老人（70歳以上）	=	48万円

年末に結婚すれば税金が安くなる

税務署員の間では、「結婚するなら年末にしろ」という言葉があります。

どういう意味かわかりますか？

年末に結婚するのは、運がいいから？

もちろん、そんなことではありません。税務署員というのは、唯物的ですからね。そんな理由で、結婚する時期を選んだりしません。

この言葉の意味は、次のようなことです。

配偶者控除というのは、1年のうちどのくらい結婚生活をしていたか、などということは要件にありません。つまり、1年のうち、1日でも結婚生活をしていれば、配偶者控除を受ける資格があるのです。

たとえば、12月31日にあるカップルが籍を入れたとします。その年に結婚し、期間はたったの1日です。それでも、奥さんに収入がなければ（１０３万円以下ならば）、配偶者控除を受けられるのです。

まあ、実際には配偶者控除が受けられるからといって、税務署員でも年末に結婚するという人はほとんどいませんけどね。若い税務署員の安い給料であれば、配偶者控除を受けたとしても、減税になるのは5万円くらいです。たった5万円のために、結婚の日どりを決めたりしたら、普通は新妻が怒りまくりますよね？　よほど倹約家の新妻ならば別ですが。

これと似たような言葉として、「離婚するなら正月にしろ」というのもあります。

これも、意味は「結婚するなら年末にしろ」と同じです。1月1日に離婚したとしても、奥さんに収入がなければ、その年の配偶者控除は受けられるのです。ただ、離婚すれば、慰謝料やら養育費やらで、莫大《ばくだい》な費用がかかりますから、その程度の節税では焼け石に水かもしれませんが。

ともあれ、税金のあり方を知る上では、「結婚するなら年末にしろ」「離婚するなら正月にしろ」というのは、わかりやすい言葉だと思います。配偶者控除というのは、1年のうち1日でも配偶者を扶養に入れた日があれば、受けられるのです。

以前は、「年末生まれの子どもは親孝行」という言葉もありました。これは、年末に生まれた子供は、その年の扶養控除に入れることができるので、税金が安くなるという意味です。逆に「正月に生まれた子供は親不孝」ということになります。

ただ、この「格言」は今では無効になっています。子ども手当が実施されて、子供は扶養控除の対象からはずれたので、子供がいつ生まれようと、税金には関係なくなったのです。

妻の年収が103万円以上でも所得控除は受けられる

配偶者控除とは別に、配偶者特別控除という所得控除もあります。

この配偶者特別控除は、配偶者の収入が103万円以上あって配偶者控除が受けられない人が対象です。配偶者の収入が141万円未満の人が受けられます。

つまり、配偶者控除の対象となる103万円の収入は超えてしまったけれど、それほど配偶者の収入が多くない人のために作られた制度だといえます。

控除額は配偶者の収入によって段階的になっており、３万円～38万円までです。

この配偶者特別控除は、配偶者の年収が確定した後でないと申告できません（配偶者の収入によって、控除額が決定するので）。だから、サラリーマンの方は、会社の年末調整には間に合わないかもしれません。その場合は、確定申告をする必要がでてきます。

「面倒くさい」

などと思わずに、確定申告に行かれることをおすすめします。このくらいの確定申告であれば、妻の源泉徴収票と自分の源泉徴収票を持っていくだけで、後は税務署員が５分くらいで作ってくれます。

一回の飲み代くらいにはなるので、捨て置くのはもったいないですよ。

表２　配偶者特別控除の額

配偶者の合計所得金額 ＊パートなど給与所得の場合は、この金額に65万円をプラスする	配偶者特別控除の控除額
38万円を超え40万円未満	38万円
40万円以上45万円未満	36万円
45万円以上50万円未満	31万円
50万円以上55万円未満	26万円
55万円以上60万円未満	21万円
60万円以上65万円未満	16万円
65万円以上70万円未満	11万円
70万円以上75万円未満	６万円
75万円以上76万円未満	３万円
76万円以上	０円

盗難、自然災害、シロアリ駆除、雪下ろしも所得控除の対象になる

所得控除の中には、雑損控除というものもあります。

雑損控除というのは、災害、盗難、横領で、生活上の資産の被害を受けた場合に受けられる控除のことです。

この雑損控除、一般の人はあまりご存知ないですよね？　サラリーマンの方などもほとんど知らないのではないでしょうか？

でもサラリーマンの方もちゃんと使えるのです。

災害や盗難などの被害に遭った場合、その損失額が5万円以上だったら、控除の対象となるのです。スリに財布を盗まれたような場合も該当します。

控除できる額は（被害額－5万円）です。

たとえば、盗難に遭って50万円の被害に遭ったとします。この場合は、

50万円－5万円＝45万円

この45万円を、所得から控除できるのです。税額にすれば、だいたい5万円から数十万円

の還付になります。ただ詐欺による被害はダメです。詐欺の場合には自己責任の部分もあるということでしょうか。

自然災害も対象ですから、台風や地震の被害でももちろんＯＫです。２０１１年3月の東日本大震災での被害ももちろん対象となります。

地震で家ががたついて、修繕費用に１００万円かかったというような人は、95万円も控除できます。税額にして10万円から数十万円の還付になります。また損失額が大きくて、単年では控除しきれない場合は、翌年以降3年に渡って繰り越すことができます。サラリーマンなど、確定申告をしていない人は、５年間さかのぼって確定申告ができますので、心当たりのある方はぜひ申告しましょう。

この雑損控除は、事業用の資産の被害では受けられません。事業用の場合は、事業の損失として計上できますので、わざわざ雑損控除に計上する必要はないということです。

そして、この雑損控除には、裏ワザがあります。

というのは、「自然災害の被害」には害虫被害も含まれるのです。だから、シロアリ退治をした人は、その費用も雑損控除の対象となるのです。最近ではスズメバチが民家に巣をつくっていることも多いようですが、その駆除費用ももちろん該当します。

また豪雪地の雪下ろしの費用も該当します。災害のために支出した費用はだいたい対象になると思っていて大丈夫です。

10万円以下でも医療費控除が受けられる

医療費控除ってご存知ですか?

医療費控除というのは、「医療費が多くかかった人は税金を安くしてあげよう」という制度で、一定以上の医療費がかかった人が受けられる控除のことです。

「一定以上の医療費」とは、10万円以上か、所得金額の5%以上のことです。

控除額は、医療費－10万円か所得金額の5%、どちらか少ない方です。

だから、100万円の医療費がかかった人は、

100万円－10万円＝90万円

この90万円が医療費控除の金額となるのです(所得が200万円以上の人の場合)。ただし医療費控除の対象となる医療費は、実際に払った金額だけで、生命保険の入院費給付金や健康保険の高額療養費、出産育児一時金などをもらった場合はそれを差し引かなくてはなり

ません。

この医療費控除には気をつけなくてはならない点がいくつかあります。

それは、所得が200万円未満の人は、医療費控除のハードルが下がるということです。医療費が所得金額の5％以上かかっていれば医療費控除が受けられるわけですから、仮に所得が150万円の人は、医療費が7万5000円以上かかっていれば、医療費控除が受けられるわけです。

巷では、「医療費が10万円以上かからないと、医療費控除は受けられない」と思っている人が多いようですが、必ずしもそうではありませんので、ご注意ください。

また夫婦で共働きをしている場合では、収入が低い方が家族の医療費を払ったことにすれば、医療費控除が受けやすくなります。たとえば、夫の所得が400万円、妻の所得が140万円の夫婦で、子どもの医療費などで年に9万円かかったとします。夫が医療費を払ったことにすれば、医療費控除は受けられません。しかし、妻が医療費を払った9万円－7万円（所得の5％）で、2万円の医療費控除が受けられます。

夫婦共働きの場合、家族の医療費をどちらが払ったかというのは、任意で選択できます。お金には紐《ひも》がついているわけではないし、夫婦のお金をどういうふうに使うかについては、夫婦で決めることができるからです。

通院のタクシー代を医療費控除に入れる方法

医療費控除の対象となる医療費というのは、「直接、病院に払ったお金」だけではありません。

その病気を治療するためにかかった費用全般が対象となるのです。治療費、入院費のみならず、薬局で買った薬代、通院での交通費、付き添い婦への報酬なども含まれるのです。

対象となる主な医療費は次の通りです。

①病気やけがで病院に支払った診療代や歯の治療代、治療薬の購入費
②入院や通院のための交通費
③按摩《あんま》・マッサージ・指圧師、鍼師《はりし》などによる施術費
④保健師や看護師、特に依頼した人へ支払う療養の世話の費用

⑤助産師による分娩《ぶんべん》の介助料
⑥介護保険制度を利用し、指定介護老人福祉施設においてサービスを受けたことにより支払った金額のうち2分の1相当額や一定の在宅サービスを受けたことによる自己負担額に相当する金額

※この他にも医療用器具の購入費、義手や義足等の購入費用も対象となります。

だから、病院までの交通費はもちろん、病院までのタクシー代も、「場合によっては」対象となるのです。「場合によっては」とはどういうことかというと、その必要性があれば、ということです。つまり、病状によりタクシーを使わざるを得ない状況があった場合です。でも、これには病状による基準などはありません。病院にタクシーで行くときって、普通は相当、シンドイわけです。また電車やバスなどの交通機関を使えば、病状が悪くなることもあるわけです。それを考えれば、病気やけがで病院にタクシーで行った場合は、普通は医療費に含めても大丈夫なのです。よほどの軽傷者が、よほどの贅沢《ぜいたく》をしてタクシーを使ったということでもない限りは。

また医療費控除の対象となる医療費というのは、「治療のための費用」は認められるけれ

ど、「予防のための費用」は認められないという掟《おきて》があります。

しかし、治療か予防かというラインも明確ではないことも多いものです。

たとえば、どこか身体の具合が悪いときに、按摩や鍼、整体などをした場合には、控除として認められますが、特別に身体が悪くないときは、認められません。でも按摩や針というのは、なにかしら体の調子が優れないときに施すものなので、なんらかの治療ということもできるはずです。

そういう場合の治療か予防かという判断は、本人しかできないものです。また確定申告というのは、本人が申告したものは、明確な反対材料がない限り認められます。

だから自分が「治療のために使った」と思えば、医療費控除の対象となるのです。

温泉、スポーツジムに行って税金を安くする

医療費控除には、ちょっと妙な裏ワザもあります。それは「温泉に行った費用も医療費控除の対象となる場合がある」ということです。

「温泉に行ったら税金が安くなる」

といっても、ほとんどの人が信じません。でも、本当なのです。

医療費控除では、温泉療養でかかった費用も対象となる場合があるのです。病気や怪我《けが》の治療には、温泉療養が効果的なこともあるからです。

もちろん、温泉療養ならどんなものでも対象になるということではなく、医者が病気等の治療になると認めた場合であり、厚生労働省に指定された温泉療養施設に行ったときのみが対象となります。

医療費と認められた温泉療養の場合、温泉までの旅費や旅館の宿泊費なども、医療費控除の対象となります（必要最低限の費用のみであり、旅館での飲食費や、列車のグリーン料金などは認められません）。

温泉療養を治療と認めてもらうには、医者の証明書が必要となります。でも医者は、自分の腹が痛むわけではないので、必要だといえば簡単に証明書を出してくれるでしょう。温泉に行く場合、かかりつけの医者に頼んで、証明書を出してもらうのも一考です。

厚生労働省が指定した施設は、全国で18カ所あります（表3を参照）。

さらに温泉療養費用と同じように、スポーツ施設の利用料も医療費控除の対象となる場合があります。今はやりのメタボリック症候群、成人病の多くは、運動不足が要因の一つといわれており、運動することは、治療の一環でもあるからです。

もちろん、スポーツ施設を使えばどんなものでも対象になるということではありません。温泉療養と同様に、医者が病気等の治療になると認めた場合に、厚生労働省が指定したスポーツ施設に行ったときのみが対象となります。

厚生労働省の指定したスポーツ施設は現在340カ所以上あります。詳細は厚生労働省のホームページで「運動型健康増進施設」の一覧をご確認ください。

また医療費控除の面白い裏ワザに、子供（未成年）の歯の矯正費用というのがあります。医療費控除というのは、原則として病気や怪我を治す医療費しか認められません。病気の予防や美容に関するものは、控除対象にはならないのです。だから歯の矯正も本来は控除対象にはならないのですが、子供の歯の矯正に限っては、医療費控除の対象となるのです。なぜそうなっているのか、筆者には不明ですが、せっかくの裏ワザですので、使わない手はありません。

歯の矯正は、非常にお金がかかるものなので、もしやるとすれば子供のうちにしておきましょう。

表3　厚生労働省から認定された温泉利用型健康増進施設

㈶南部町健康増進公社 バーデハウスふくち	青森県三戸郡
㈱紫波まちづくり企画 ラ・フランス温泉館	岩手県紫波郡
健康増進施設はなまき　健考館	岩手県花巻市
秋田県健康増進交流センター　ユフォーレ	秋田市
クアハウス碁点	山形県村山市
ラ・フォーレ天童　のぞみ	山形県天童市
いわき市健康・福祉プラザ いわきゆったり館	福島県いわき市
リステル猪苗代　CS（シーズ）	福島県耶麻郡
サンバレーリゾート那須高原 アクアヴィーナス	栃木県那須郡
マホロバ・マインズ三浦	神奈川県三浦市
クアハウス津南	新潟県中魚沼郡
健康増進施設 ゆあーず	新潟県十日町市
富山県国際健康プラザ	富山市
健康増進センター　アスロン	石川県七尾市
クアハウス九谷	石川県能美市
クアハウス佐久	長野県佐久市
上田市鹿教湯健康センター クアハウスかけゆ	長野県上田市
ピーアップ新宮	和歌山県新宮市
くらはし温水プール　ウィングくらはし	広島県呉市
クアハウス今治	愛媛県今治市

出所）http://www.onsen-nintei.jp/

社会保険料控除の裏ワザ①――過去の分、前納した分も控除できる

社会保険料控除というのは、支払った社会保険料の全額が所得から控除できるというものです。

たとえば、国民健康保険と国民年金で、年間50万円を支払ったとします。その場合、50万円全額が所得から差し引かれるのです。

つまり健康保険や年金は、支払った分だけ所得から控除されるというわけです。

この社会保険料控除は、うまく使えば非常に効果的な節税策になります。

「社会保険料なんて額が決まっていて、儲かった時に増やすことなんかできないんだから、節税にはならないはず」

と思った方も多いでしょう。しかし、必ずしもそうではないのです。

実は社会保険料控除には、奇妙な仕組みがたくさんあります。

まず一つは、社会保険料はいつの分の保険料かを問わず、支払った年に全額を所得から差し引くことができるということです。

つまり過去の分の社会保険料であっても、支払った年に控除を受けられるというわけです。独立開業した自営業の人は、事業が軌道に乗るまでは食うや食わずの生活をしていて、社会保険料なんて払っていない、という人もけっこういますよね？　そういう人は、事業が軌道に乗って、儲かった年に未払いの社会保険料を全部払えば、それがすべて所得控除になるのです。

また現在、時限的な処置として国民年金の過去の未払い分を10年分払えるという制度があります。普通、未払いの保険料をさかのぼって納められるのは、過去２年分までです（払っていない期間は、年金未加入として処理されます）。国民年金は最低でも25年は払っていないと受給できませんので、加入期間が足りずに年金をもらえないという人もいるのです。だから、今年、お金に余裕がある人は、ぜひ国民年金の過去の未払い分を払っておきましょう。それは、全額、今年の所得から控除されるのですから。

また国民年金には、前納制度というものがあります。翌年の３月分までは、前納ができるのです。前納すれば若干の割引制度があります。そして、前納した社会保険料も、その年の所得から控除できるのです。だから、儲かった年に、国民年金を前納すれば、国民年金の割引にもなり、節税にもなるのです。

社会保険料控除の裏ワザ②――家族の社会保険料も払ったことにできる

また控除できる社会保険は、自分の分だけではありません。家族の社会保険料でも、あなたが支払ったのなら、あなたの所得から控除できるのです。

たとえば、娘さんが派遣社員として働いており、国民健康保険や国民年金が未加入になっているので、それをあなたが肩代わりして払ってあげた場合、その社会保険料はあなたの所得から控除することができるのです。

また家族が年金暮らしだったり、無職だったりした場合は、その家族の社会保険料を払うのも節税になります。

「節税になるといっても、家族の分の社会保険料を払ったら、自分は損するじゃないか?」

と思う人もいるでしょう。確かにそれはそうですが、こういう考え方はどうでしょう?

お金というのは、だれが何に払ったのか紐がついているわけではありません。社会保険料として払おうと、ほかの名目で払おうと一緒なのです。だから、ほかの名目で払っているのをやめて、社会保険料を払っていることにすればいいのです。

たとえば、あなたは親元に暮らしていて、毎月３万円程度、家に食費を入れているとします。この食費を入れることをやめて、母親の社会保険料を払っていることにすればいいのです。母親の社会保険料36万円分をあなたが払ってやっていることにすればいいのです。

そうすれば、36万円を全部、あなたの所得から差し引くことができます。少ない人でもだいたい５万円前後の節税になるのです。

「社会保険料の領収書には、母親の宛名しか書いてないよ」

と心配される方もいるかもしれません。でも大丈夫です。保険料の領収書の宛名がだれであれ、実際に払った人が所得控除を受けることができるのです。

ただし、この方法は母親が、所得のない状態になっていなければなりません。もし母親に年金収入やパート収入があって、所得があったり、母親の社会保険料は父親が払っていて、父親の所得から控除されていたりしたら、ダメです。

これはサラリーマンの方もできることなので、該当する方はぜひやってみてください。この節税策は、会社の年末調整ではできませんので、自分で確定申告をすることになります（その方法は後述）。

「生命保険は掛け捨てが有利」はウソ？

生命保険料控除って耳にされたことがありますよね？

生命保険料控除というのは、生命保険や個人年金（民間の年金）に加入している場合、一定の金額を控除できるというものです。

これもうまく使えばけっこう節税になります。

生命保険は掛け捨てが有利などといわれます。

「貯蓄部分がある生命保険は利率が非常に低いので、まったく意味をなさない。それよりは、掛け捨ての生命保険に入って、保険料を安く抑える方がいい」

というわけです。

しかし、これは必ずしも正確ではありません。というのも、生命保険に加入することによって得られる節税額を考えれば、貯蓄型の生命保険も決して悪いとはいえないからです。

現在の制度では、年間8万円以上の生命保険に加入していれば、4万円の所得控除が受けられます。節税できる額はだいたい5000円から1万円程度です。

年間8万円の保険に入って5000円節税できるなら、この5000円を利息と考えればけっこう大きな額です。8万円支払って5000円の利息がつくのと同じですからね。なんと6％以上の利率になるのです。

まあ、年間8万円という、ぴったりの数字の生命保険などはないと思われますが、だいたい8万円になるように狙っていけば、最大の利益が得られるわけです。

このように生命保険に加入するときは、その保険商品自体だけではなく、節税分も含めて考慮しないとならないということです。

この生命保険控除は、平成24年に大きな変動がありました。

控除の対象となる保険に、「介護医療保険」が新たに加えられ、それまで総額で10万円が控除限度額だったものが12万円になったのです。

ただ新しい制度は、平成24年以降に契約した保険のみに有効で、それ以前に契約した保険は、古い制度のままの適用です。

なんだかややこしいですね。

とりあえず、一つずつ説明していきましょう。

生命保険料控除の古い制度

平成23年までに契約した生命保険については、表4のような方法で控除額が算出されます。

そして、この控除は、生命保険のみではなく、個人年金保険にも使えます。

個人年金の控除額も、計算方法は同じです。

両方入っている人は、両方とも使えるのです。だから、生命保険に年間10万円以上、個人年金保険に年間10万円以上、掛け金を支払っている人は、合計で10万円の生命保険料控除が受けられるのです。

「生命保険」の方は、ちゃんと控除している人が多いようですが、「個人年金」の方は加入しているのに控除をし忘れている方がけっこういるようです。

個人年金とは、いわゆる養老保険のことです。

「養老保険って何?」

と思われた方もいるでしょう。

保険は、わかりにくいですからね。でも養老保険は、最近ではポピュラーであり、保険の

表4　生命保険料控除（平成23年12月31日までの契約）

年間の支払保険料の合計	控除額
2万5,000円以下	支払金額全部
2万5,000円を超え5万円以下	支払金額÷2＋1万2,500円
5万円を超え10万円以下	支払金額÷4＋2万5,000円
10万円超	5万円

表5　生命保険料控除（平成24年1月1日以降の契約）

年間の支払保険料の合計	控除額
2万円以下	支払金額全部
2万円を超え4万円以下	支払金額÷2＋1万円
4万円を超え8万円以下	支払金額÷4＋2万円
8万円超	4万円

おばちゃんも一生懸命すすめているので、知らぬ間に、個人年金保険に加入していることも考えられます。保険会社に、自分が加入している保険を確認してみましょう。

もし控除漏れがあれば、サラリーマンの方は会社に申告すれば、年末調整でやってくれます。個人事業者の方は、確定申告で控除できます。

生命保険料控除の新しい制度

平成24年1月1日以降に契約した生命保険については、表5のような方法で控除額が算出されます。

そして、この控除は、生命保険のみではな

く、個人年金保険、介護医療保険の三つに使えます。控除額の計算方法は同じです。三つ入っている人は、三つとも使えるのです。だから、生命保険に年間8万円以上、個人年金保険に年間8万円以上、介護医療保険に年間8万円以上掛け金を支払っている人は、合計で12万円の生命保険料控除が受けられるのです。

あなたは地震保険料控除を知っているか？

地震保険料控除って、聞いたことありますか？

おそらくあまり聞いたことがないですよね？

これは最近できた制度なのですが、国税庁はあまり宣伝しないので、一般には浸透していないようです。国税庁という組織は、税金を増やすための努力は一生懸命しますが、減らすための努力は一切しないところなのです。だから、節税の方法は、自分で知ろうとしなければ、なかなか知ることができないのです。

地震保険料控除というのは、地震、噴火、津波を原因とする火災、損壊のための損害保険に加入している場合に受けられる控除です。

控除額は5万円を上限に支払額の全額です。

たとえば、年間4万5000円の地震保険に加入した場合は、4万5000円の全額が所得控除されます。また年間7万円の地震保険に加入した場合は、5万円の所得控除が受けられます。

この地震保険は損害保険料控除が廃止され、その代わりに作られた控除です。損害保険料控除は控除額が最高で1万5000円だったため、少ないからといって無視してきた人も多いようです。が、地震保険料控除は最高5万円ですからバカにできません。地震保険に入っている人はぜひ忘れずに控除を受けたいものです。

サラリーマンの方は、会社がわざわざ「あなたは地震保険に入っていませんか？」とはなかなか聞いてくれないでしょう。だから、自分が地震保険に入っている場合は、会社に届けを出しましょう。会社に届け出れば年末調整で所得控除をしてくれます。

自営業の方は、確定申告でできます。

震災被災者や母校に寄附したら税金が安くなる

国や地方公共団体、特定公益増進法人、学校などに寄附をした場合にも控除を受けることができます。

控除できる額は（寄附金額－5000円）です。もし5万円を寄附した場合は、4万5000円が所得から控除されます。ただし控除の対象となる寄附は所得の40％までです。

寄附金控除は、母校への寄附も対象となる場合があります。母校に寄附したことがある人は事務局に寄附金控除の対象かどうかを確認してみましょう。

また震災などで寄附をしたときも、相手先が特定公益増進法人などになっていた場合は、控除の対象となります。ユニセフなど主な福祉機関は、この特定公益増進法人になっています。有名な機関に寄附した人は、だいたい寄附金控除の対象になると思われます。寄附の相手先に確認してみましょう。

バツイチ男子も忘れずに受けたい寡婦（寡夫）控除

寡婦控除とは、配偶者と死別もしくは離婚して、扶養すべき子供がいる「女性」が受けられる控除です。寡夫控除とは、配偶者と死別もしくは離別して、扶養すべき子供がいる「男性」が受けられる控除です。

この寡婦控除と寡夫控除は、若干、要件が違いますので、注意を要します。

まず女性の方から。寡婦控除を受ける要件は、以下の「いずれか」に当てはまる人です。

①夫と死別し、若しくは離婚した後婚姻をしていない人、又は夫の生死が明らかでない一定の人で、扶養親族がいる人又は生計を一にする子がいる人。この場合の子は、総所得金額等が38万円以下で、他の人の控除対象配偶者や扶養親族となっていない人に限る

②夫と死別した後婚姻をしていない人又は夫の生死が明らかでない一定の人で、合計所得金額が５００万円以下の人。この場合は、扶養親族などの要件はない

この二つのいずれかにあてはまれば、27万円の所得控除を受けることができます。

さらに、寡婦の場合は、次の要件を〝すべて〟満たせば、8万円を加算した35万円が所得から控除されます。

①夫と死別し、又は離婚した後婚姻をしていない人、又は夫の生死が明らかでない一定の人
②扶養親族である子がいる人（所得金額等が38万円以下で、他の人の控除対象配偶者や扶養親族になっていない子供）
③合計所得金額が500万円以下であること

つまりは、夫と離別か死別し、扶養する子供がいて、所得が500万円以下であれば、35万円の所得控除が受けられるということです。

では次に男性の方、寡夫控除を見ていきましょう。

寡夫控除を受ける要件は、次の「すべて」にあてはまる人です。

①合計所得金額が500万円以下であること
②妻と死別し、又は離婚した後婚姻をしていない人、又は妻の生死が明らかでない一定の人
③生計を一にする子がいること。この場合の子は、総所得金額等が38万円以下で、他の人の控除対象配偶者や扶養親族になっていない人に限る

この三つの要件をすべて満たせば、27万円が所得から控除されます。

男性の方が、要件は厳しくなっていますね。男女平等などといわれつつも、女性はこういうところでしっかり優遇されているのです。まあ、シングルマザーは大変だから、当然といえば当然ですが。

寡婦（女性）の場合は、この控除は忘れずに受けているようですが、寡夫（男性）の場合は受け忘れている人も多いようです。バツイチが珍しくない昨今、男親が子育てしている人も多いようです。該当する人はぜひ忘れずに控除を受けたいものです。

家を買うなら平成25年のうちに買おう

さて、ちょっと突然ですが、本書を読んでいただいている方の中に、ゆくゆくは家を買いたいと思っておられる方も多いと思います。

私は、そういう方には、ぜひ平成25年のうちに家を買われることをおすすめします。

というのも、平成25年というのは、家を購入する際の大きな転換期だからです。住宅ローン控除が、平成25年で廃止が予定され、さらに平成26年からは消費税が増税されます。

住宅ローン控除というのは、家を購入した場合、借入金の残高に応じて、税金を減額するという制度です。

また消費税は、家を購入した際にもかかってくるものなので、数千万円の家を買えば、消費税の増税による負担増は数十万円になります。

平成25年に家を買うのと、平成26年に家を買うのとでは、税負担はかなり違ってきます。

おそらく、平成25年になったら、住宅メーカーなどがそういう宣伝を始めると思われますが、家ってそう急に買えるものではありませんよね？

だから、今のうちから準備しておいた方がいいと思います。

で、住宅ローン控除の詳しいお話です。

私は、所得税の控除の中では、住宅ローン控除がもっとも節税効果が高いものと思っています。年間数十万円単位で税金が安くなるんですから。これを知っているのと知らないのとでは、生活がかなり違ってくると思われます。

住宅ローン控除というのは、実はほかの所得控除とは、仕組みが違うのです。

住宅ローン控除は、所得を減らす「所得控除」ではなく、税額から直接引ける「税額控除」なのです。

どういうことかというと、まず所得控除というのは、税金の対象となる所得を減らしてあげますよ、という制度です。たとえば、100万円の所得控除を受けた場合、所得が100万円減額されるわけです。税金というのは、所得に税率をかけたものであり、普通のサラリーマンの税率は10～20％なので、100万円の所得控除を受けても、実際に減税となる金額は、10万円～20万円なのです。

しかし税額控除というのは、税金そのものを減らしてあげますよ、という制度なのです。30万円の税額控除を受けたならば、税金そのものが30万円安くなるということなのです。

つまり節税額が非常に大きいのです。

住宅ローン控除というのは、基本的に、住宅ローン残高の1%が、所得税から差し引かれます。サラリーマンでいえば、住宅ローン残高の1%が年末調整で還ってくる感じになります。

2000万円の住宅ローン残高がある人ならば、所得税が20万円安くなるのです。平均年収程度のサラリーマンならば、所得税がゼロになってしまうことも多いのです。

その節税額の大きさから、年々、控除額が縮小されており、現在のところ平成25年いっぱいで廃止される予定です。何らかの延長策が議論されていますが、今のところは廃止の予定です。

住宅ローン控除というのは、住宅に関わる「借入金の残高」が控除の基準となります。だから、家屋の新築や購入の住宅ローンの年末残高がない場合には、受けることはできません。敷地等の購入にかかる借入金の年末残高があっても、住宅ローン控除の対象とはなりません。つまり、土地を買った借金ではなく、建物を買った借金がないとダメなのです。

だから、もし家を買うときにある程度、手持ちの現金があるのなら、それは土地の購入にあて、建物はローンを組むべきです。

住宅ローン控除は、1年目は必ず確定申告をしなければなりません。サラリーマンの場合は2年目からは、会社でやってくれます。サラリーマン以外の人も2年目の確定申告からは、住宅ローンの年末残高証明書を添付するだけでいいのです。

初めの年の確定申告は、必要書類を揃えて、税務署で申告書を作成してもらうのがいいでしょう。住宅ローン控除は、ローン残高に応じて控除額が自動的に決まるので、税務署員と見解の相違が起こる余地はありません。だから、税務署員に安心して相談することができます。

控除額の計算は表6の通りです。

もし、平成24年に家を買って居住した人のローン残高が2500万円だった場合は、25万円が節税できるということです。

また買った家が「長期優良住宅」の場合は、平成24年居住の限度額は40万円、平成25年居住の限度額が30万円となります。長期優良住宅というのは、一定の基準をクリアした災害などに強い住宅のことです。もちろん値は張ります。これを希望する場合は、家を買う時に業者に尋ねてみてください。

表6 住宅ローン控除

居住年	適用期間	計算方法	控除限度額
平成24年居住	10年間	ローン残高 ×１％	30万円
平成25年居住	10年間	ローン残高 ×１％	20万円

表7 住宅ローン控除の主な要件

新築の場合
1 住宅取得後６カ月以内に居住の用に供していること
2 家屋の床面積が50㎡以上であり、床面積の２分の１以上が居住用であること
3 その年の所得金額が3,000万円以下であること
4 住宅ローン等の返済期間が10年以上で、割賦による返済であること

中古住宅の場合
基本的には新築住宅の場合と同じだが、取得の日以前20年以内（マンションは25年以内）に建築されたものでなければならない

〈必要書類〉 ①住民票
②登記謄本
③売買契約書の写し
④住宅ローンの年末残高証明書
⑤給与所得者の場合には源泉徴収票
※必要書類の詳細は税務署にお尋ねください。

共働き夫婦は、住宅ローン控除がダブルで受けられる！

夫婦共働きの人が、住宅ローン控除を受ける場合、裏ワザがあります。

その裏ワザとは、マイホームをどちらか一方の名義にするのではなく、名義を夫婦で分けて双方で住宅ローン控除を受けるというものです。

住宅ローン控除は、夫婦のうちどちらか一方しか受けられないというものではありません。夫婦共同でマイホームを購入し、共に住宅ローンを背負っているということにすれば、夫婦ともに控除を受ける資格が生じます。

そして夫婦ともに住宅ローン控除を受ければ、限度額は２人分になります。限度額は前述したとおり年々減額され、平成24年は最高で30万円、平成25年は20万円しかありません。もし、平成25年に家を買って、４０００万円のローン残高がある場合でも、20万円までしか税額控除はできません。

これを夫婦の共同名義にして、２０００万円ずつローンを背負っていることにします。一人あたりの控除限度額は20万円ですが、これを夫婦それぞれが持っているわけなので、合計

40万円になります。

つまり、4000万円のローン残高がある場合、夫1人で住宅ローン控除を受ければ20万円しか控除されませんが、夫婦が両方で受けた場合は、40万円まで控除されるのです。

ただし妻（夫の場合も）に所得税の支払がない場合は、分散するよりも、どちらか一方にしたほうが無難でしょう。妻の収入が200万円程度で、所得税も住民税も払っていないような場合、妻が住宅ローン控除を受けても、節税の余地はありませんからね。

夫婦両方が住宅ローン控除を受けるには、マイホームの名義を、夫婦で2分の1にし、借り入れは、連帯債務者（連帯保証人では不可）に妻の名義を入れておかなければなりません。

確定申告の要領は、夫婦ともに同じです。必要書類を揃えて、申告書を提出すればいいだけです。

障害者控除、勤労学生控除も忘れずに

このほかにも、障害者控除や勤労学生控除などの所得控除があります。

障害者控除というのは、扶養している親族が障害者の場合、受けられるものです。

控除額は、障害者が27万円、特別障害者が40万円です。ここでいう障害者というのはいくつか要件がありますが、簡単にいえば「障害者手帳」を持っている人です。特別障害者というのは、簡単にいえば１級か２級の障害者手帳を持っている人です。特別障害者と同居している場合は、75万円の控除が受けられます。

勤労学生控除は、中学、高校、大学もしくは指定された専門学校に通う人で、勤労している人が受けられるものです。ただし給料が年間１３０万円以下の場合です。控除額は27万円です。

まあ、一般に使える所得控除というのは、だいたいこれくらいです。

どうです？

けっこうあるでしょう？

おそらく、あなたも何らかの所得控除が新たに受けられるのではないでしょうか？

ぜひあなたもこれらの所得控除を使って節税してみてください。

第2章 確定申告のポイントは“公私混同”

「あらゆる領収書は経費で落とせる」とは？

まえがきでも触れましたが、本書は、ご好評いただいた『あらゆる領収書は経費で落とせる』の続編です。

といっても、前著とは対象となる方が若干違ってきます。

前著が、会社の経理の話だったのに対し、本書は個人の確定申告の話がメインとなっております。

『あらゆる領収書は経費で落とせる』というと、経理の世界では、かなり思い切ったことをいっているわけです。もちろん、そういうことをいうのには、それなりの理屈があるわけです。

理屈の根本は、前著も本書も同じです。運用方法が若干、違ってくるのです。で、この第2章では、前著を読んでいない方のためにダイジェスト版として、また前著をご覧くださった方には復習を兼ねて、今一度、前著の肝の部分だけをお話ししておきましょう。もし「前著は隅々まで読み込んで把握しているよ」という方がいたとしたら、光栄です。

そういう方は、本章の前半は飛ばしていただいてもかまいません。

「あらゆる領収書は経費で落とせる」

という意味は、

「どんな領収書でも事業に関連付けることさえできれば、経費に計上できる」

ということです。

たとえば、会社の経営者がブルーレイ・レコーダーを購入し、自宅に持っていたとします。

普通は、自分の家に置いているブルーレイ・レコーダーは、プライベートの支出ということになりますので、会社の経費で落とすことはできません。

しかし、これを使って会社の仕事に関係することをしていれば、会社の経費で落とすことができるのです。会社の事業に関連するテレビ番組を録画したり、ソフトを購入したりしていて、その記録もちゃんと残っていれば、それは「会社の仕事」ということができるのです。

このように、会社の仕事に関連付けられさえすれば、すべての領収書は経費で落とすことができる、というわけです。

個人事業者の場合も、原則は同じことです。

自分のやっている事業に、関連付けることができれば、どんな領収書も経費で落とすことができるのです。

ただし、個人事業者の場合は、気をつけなくてはならない点があります。

それは、個人事業の場合、仕事とプライベートの両方で使っているものがあれば、その費用は「按分《あんぶん》」しなければならない、ということです。

たとえば、先ほどのブルーレイの話を例に取りますと、会社だった場合は「このブルーレイは会社の業務で使っています。終わり」ということになっていたのですが、個人事業者の場合は、それで終わりにはならないのです。

なぜなら、そのブルーレイは、個人で使っている部分が必ずあるでしょう？

個人で使っている部分については経費で落とせません。事業で使っている部分とプライベートで使っている部分を按分しなければならないのです。

会計の世界で、会社と個人事業者のもっとも大きな違いはこの点なのです。

事業とプライベートの按分というのは、たとえばこういうことです。

自家用車を仕事とプライベートの両方で使っていたとします。使っている割合は、仕事6、プライベート4です。この場合、車の購入費や、ガソリン代などは、全額を経費で落とすことはできず、6割だけが経費で落とせるということになります。

会社の場合は、そういうことはありません。

会社の業務で使っているものであれば、それは100％会社の経費で落とすことができます。つまり、会社の場合は、経費になるかどうかというのは、白か黒かなのです。白ならば100％白、黒ならば100％黒ということです。

ところが、個人事業の場合は、白が6で黒が4だったり、白が3で黒が7というようなことがあるわけです。

だから、個人事業者の場合は、この「按分」のことを常に念頭に置かなくてはならないのです。

それがちょっと面倒といえば、面倒でもあります。

が、按分さえすれば、けっこう広範囲な経費を計上することができます。そして按分の方法は、それほど難しいものではないのです。

つまり、按分さえやっていれば、会社よりもむしろ広範囲な経費を計上することができるのです。

「公私混同」こそ個人事業者の醍醐味

個人事業者というのは、自分の税金に関して、かなり広い裁量が与えられています。これは、個人事業者の特権ともいえます。

サラリーマンは、原則として、所得税、住民税の申告は会社が全部やってくれます。そして、経費の計算なども自動的に行われるので、経費に関して自分で調整する余地というのがありません。

でも個人事業者の場合は、自分で意図的に経費を調節することができます。

そして個人事業者の節税でもっとも必要になるのが「経費で落とす」テクニックです。

そんなことは知っているって？

まあ、そうでしょうが、ここは基本的な事柄であり、ここが理解できていない場合は先に進めないので、しばらくお付き合いください。もう理解できているという方は、この項は飛ばしていただいて構いません。

個人事業者の所得税、住民税は、簡単に言えば、以下の式で算出されます。

売上 － 経費 ＝ 利益(所得)

利益(所得) × 税率 ＝ 納税額

これを見ればわかるように、経費を大きくすれば税金は安くなるわけです。

売上を少なくしても税金は安くなりますが、売上を下手に少なくしようとすると、商売自体がうまくいかなくなる恐れがあります。だから、売上は意図的に少なくしようなどとは思わない方がいいでしょう。

そして、この「経費」というものが、実はけっこう範囲が広いのです。この経費をうまく使うことができれば、税金の額は自由自在に決められるといっても過言ではありません。

「経費を増やせば、手元に残るお金が減るじゃないか！」

と思う人もいるでしょう。

でも、こう考えればどうでしょう？

自分の生活に関する費用や、プライベートに関する費用を、事業の経費として落とすのです。そうすればいくら経費を増やしたとしても、自分の手元に残るお金が減るわけではありませんよね？　税金だけが減るのです。

家賃、光熱費から旅行費用まで経費で落とす

具体的にどんなものが経費で落とせるか、ざっくり見ていきましょうか。

まずは、家賃、光熱費。

この辺は、ご存知の方も多いでしょう。

これをしっかり経費に計上できれば、かなり生活費が削減できるはずです。

普通の人の支出でもっとも大きいものは家賃だと思われます。

でも、家賃の計上をためらっている個人事業者の方も多いようです。事業のための店舗や事務所を借りていて、その家賃は計上しているけれど、自宅の家賃までは計上していないのです。しかし、これはもったいないです。ほとんどの個人事業者は、何らかの形で家賃を経費計上することができます。

飲み代、飲食費などもけっこう落とすことができます。

特に、飲み代の経費計上については、大企業よりも個人事業者の方がよほど有利だといえます。詳細は79ページに後述しますが、個人事業者の場合、接待交際で使える飲食費の上限がないのです。

テレビ、ブルーレイ、書籍、携帯なども経費で落とすことができます。自動車の免許取得費や、英会話学校の授業料も経費で落とすことができますし、旅行費用や遊園地などでの遊興費も経費で落とすことができます。

こうしてみると、生活に関するほとんどが経費で落とせるといえます。さらにキャバクラ代だって大丈夫なのです。

経費をうまく計上すれば、こういうことができるというわけです。

ただもちろん、無条件にすべてが経費にできるというわけではありません。経費に計上するためには、一定の手順を踏まなくてはなりません。その方法をこれからご紹介していきます。

ただ領収書をかき集めてもダメ！

自営業者やフリーランサーの方というのは、確定申告に対して極端な対応を取る場合が多いようです。

どれを経費に計上していいかわからず、最低限度の経費しか計上していない人と、その一方で、なんでもかんでも経費に計上している人です。

たぶん、確定申告に関する情報が少ないのでこうなっているのであり、両者ともに誤解している部分が多々あるようです。

なんでもかんでも経費に計上する人は、毎日スーパーで買い物したレシートをとっておいて、それを全部、計上している場合もあるようです。もちろん、それはＮＧです。

「でも、俺はずっとその方法で確定申告してきたぞ」

などといわれるツワモノもおられるでしょう。

確かに、そういう申告でも税務署が何も指摘しない場合もあります。

でもそれは、税務署が「正しい申告」と認めたわけではありません。確定申告をする人というのは、夥《おびただ》しい数に及ぶので、税務署もそれを全部、詳細にチェックすることはできません。だから、売上の少ない事業者などは、詳細をチェックせずに、スルーして受け付けていることも多いのです。

でも、一旦、受け付けられた申告書でも、その後で間違いや不審点が見つかれば、税務調査が行われたり、修正を要求されたりすることもあるのです。税務調査は、最高7年までさかのぼれますから、7年前の申告書の間違いを、突然、指摘されるということもあるのです。

そういうのって、精神衛生上、よくないですよね？

かといって、税務署を怖がって、経費をあまり計上しないのも、バカバカしい話です。

なので、どういう経費が認められるか、ということの具体的な判断基準をこれからご紹介していきたいと思います。

家賃を計上しよう

まずは、家賃の計上方法をご紹介しましょう。

フリーランサーの場合、自宅で仕事をしている方も多いことと思われます。その場合、もちろん自宅の家賃は経費で落とすことができます。

しかし、全額を経費で落とすことは、ちょっと難しいのです。経費に計上できるのは、事業に関連する部分だけですので、自宅全部を事業に使っているという解釈をするのは難しいわけです。

それで、仕事部分とプライベート部分を按分しなければならないのですが、この按分の方法がわからないと思っているフリーランサーの方も多いようです。

家賃のほとんどを経費で落としている人もいれば、3割くらいしか計上していない人もいます。

これはとても難しい問題で、実は税法でも明確な基準はないのです。

原則的には、仕事で使っている部分と、プライベートの部分を広さなどで明確に分けて、その割合に応じて家賃を按分する、ということになっています。

たとえば、40平方メートルの賃貸マンションに家賃10万円で住んでいる人がいたとします。仕事には20平方メートルを使っているので、40分の20で50%となります。10万円の50%なので、5万円。これを経費にしていれば、問題はないのです。

しかし、仕事部分とプライベート部分が明確にわかれていればいいのですが、ほとんどの場合、そんな明確な区分はありませんよね？　特に都会で１Ｋとか１ＤＫに住んでいる人の場合、仕事部分とプライベート部分がぐちゃぐちゃになっている場合も多いですからね。

そういう場合、どうすればいいか？

仕事に使っている部分を優先的に考えればいいのです。

ありていにいえば、仕事に使っていると思われるスペースは最大限に考えればいいということです。「完全な仕事部屋」だけではなく、キッチンやバス、トイレ、居間も、一部は仕事に使っていると考えることができます。

居間でテレビを見て情報収集をすることもあるでしょうし、仕事部屋だけでは狭くなって、居間で仕事をしたりもするでしょう。

かといって、家賃全部を経費計上するのも、若干、難があります。税金の世界では、「社会通念に照らし合わせてどうか？」という概念があります。要は、世間の常識から見て、それは認められるかという判断基準が使われるわけです。家賃全部を経費で計上すると、それは世間の常識から見てどうなの？　ということです。

じゃあ、どうすればいいか？

平たくいえば、だいたい家賃の６割程度ならば、大丈夫です。この程度だったら、普通は税務署から文句は出ないのです。

もし仕事部屋とプライベートを明確に分けることができなければ、6割を目安に経費計上すればいいということになります。

ただこれは法律で定められた基準ではないので、例外ももちろんあります。非常に広い部屋に住んでいて、仕事場はそのごく一部というような場合です。

たとえば、家賃50万円の100㎡4DKの部屋に住んでいて、仕事はその中の一室（20㎡）だけを使っている、というような場合です。これでは家賃の6割、30万円も経費に入れるのはちょっとまずいでしょう。

逆に6割以上の家賃を経費に計上できる場合もあります。

非常に狭い部屋に住んでいて、部屋全体が仕事場になっているような場合です。若いフリーランサーなどは、15㎡程度のワンルームに住んで、仕事もそこでやっているようなケースが多いようですが、そういう場合は8割以上を経費に計上しても、税務署は文句をいえないはずです。

また実家に住んでいるフリーランサーが、仕事のためだけに別に部屋を借りている場合などは、全額経費に入れても大丈夫でしょう。

たとえば、群馬に実家があって普段はそこに住んでいるけれど、仕事の関係で都内に部屋を借りている人がいるとします。その場合は、家賃を全額経費にすることができます。もし仕事部屋に寝泊まりしたり、生活することがあったとしても、仕事をしていなければその部屋は借りる必要ないわけですから。

店舗を借りている事業者も、自宅の家賃を経費に計上できる！

次に、店舗や事務所などを借りている事業者の方に向けて、自宅の家賃の計上方法をご紹介しましょう。

事業に使っている店舗や事務所の家賃は全額経費に計上できる、それはご存知ですよね？もし事務所部分などに寝泊まりできる場所があっても、そこに寝泊まりするのは仕事で必要なときだけならば、すべてを事業のスペースと考えることができます。だから、店舗や事務所は、だいたい全額を家賃にできると思っていいでしょう。

ただ、そういう事業者が自宅の家賃を計上する場合には、若干のコツが必要です。

通常、店舗や事務所を借りているのなら、自宅の家賃は事業の経費では落とせないのではないか、と考えがちです。

しかし、家で仕事をしている時間が少しでもあるのなら、自宅の家賃も事業の経費で落とすことができるのです。事業のための費用は全部経費に計上できることになっていますので。個人事業者の方って、店舗や事務所だけじゃなく、家に帰っても仕事をしているものですよね？

その場合は、堂々と家賃を経費に計上できるのです。

もちろん、全額を計上するわけにはいきません。仕事とプライベートで費用を按分しなければなりません。

この按分は、難しいところですが、もし仕事に使っている部屋があれば、その部屋の広さで按分してもいいでしょう。ワンルームなどで、仕事部分とプライベート部分の境目がない場合は、家にいる時間のうち、仕事に使っている時間で按分するというのも手です。

要は、按分の客観的な根拠をつくればいいのです。

根拠さえあれば、よほど常識からはずれていない限りは、税務署が文句をつけることはできないのです。

ただ、この場合の家賃は、自宅で仕事をしているフリーランサーよりは、低めに計上しなければならないといえます。別に店舗や事務所があるのだから、それは当たり前といえば当たり前ですね。前項で紹介したフリーランサーの家賃按分の考え方の半分以下にしておくのが、無難といえるでしょう。

個人事業者は交際費が使い放題！

個人事業者の方が経費を膨らまそうとした場合、もっとも手っ取り早く、かつもっとも有効なものは、交際費だといえます。

というのも、個人事業者の交際費は、会社などに比べて税務上非常に恵まれているからです。

具体的に言えば、個人事業者の交際費には、限度額がないのです。つまり、個人事業者は原則として交際費はいくら使っても経費とすることができるのです。

法人（会社）の場合、原則として交際費は税務上の経費にはできないし、中小企業には６００万円枠がありますが、これにも10％は課税されます。つまり、大企業の場合は、交際費を支出した場合、その全額に対して法人税がかかるのです。また中小企業は交際費を支出し、た場合、全額は損金経理できず、9割だけが損金経理できるのです。

それに比べれば、個人事業者の交際費が非課税で限度額がないというのは、かなり大きなメリットといえるのです。これは、あまり顧みられることがありませんが、税務上、かなり大きなことだといえます。

交際費という勘定科目は、税務署が目くじらをたててチェックするものでもあります。交際費は、誤魔化しやすいですし、税務署から見れば否認しやすいのです。

しかし、怖がる必要はありません。ちゃんと交際費に該当する支出ならば、まったく遠慮をする必要はないのです。

交際費に該当するかどうかというのは、仕事に関係するかどうかです。

これは直接仕事に関係した交際費だけでなく、間接的に関係するものも含めていいのです。つまり、直接的な取引先との接待だけではなく、その人と一緒に飲食などをすることで、仕事上有益な情報を得られる可能性があるのならば、それは十分に交際費に該当するのです。

たとえば、自分の友人と飲みに行ったとします。その友人は、直接の取引先ではなく、仕事上は何も関係のない人だとします。それでも、仕事に関する有益な情報を得ることがあれば、それは交際費にできるのです。

また事業を行っている人が、その社会的な付き合いからやむを得ず参加しなければならない会合などの費用も当然、交際費に含めていいのです。

だから、かなり広い範囲で交際費というのは使えるのです。

ただし、交際費について、税務署の目が厳しいことは確かなので、領収書や相手先などの記録はちゃんと残しておく必要があります。

朝食代も昼食代も交際費で落とせる

交際費を応用すれば、けっこう広い範囲で、「経費で落とす」ことができるようになります。

飲食関係は、だいたい交際費で落とせます。

「接待交際なんだから、朝食や昼食は無理だろう？」

と思った方もおられるかもしれません。

接待交際というと、夜の酒宴というイメージがありますからね。

でも、朝食でも昼食でも、交際費で落とすことはできます。

有能なビジネスマンは、朝食をとりながらミーティングしたり、ランチをとりながら商談したりすることがよくあります。そういうときの食事費用というのは、もちろん交際費で支出することができます。

で、交際費にできるかどうかの基準は、大まかに言って次の三点です。

①人と会っていること
②仕事について何らかの話をしていること
③全額を自分が払っていること

①については、当たり前といえば当たり前といえます。さすがに、一人で食事をしてそれが接待交際ということはできませんからね。で、②については、具体的な商談じゃなくても、少しでも仕事に関係することを話していれば問題ありません。③については、ワリカンにすれば当然、交際費としては認められないということです。しかし、会費の決まった会合に参加するような場合は、その会費は交際費に計上できます。

パソコン、家具……なんでも経費で落とせる

パソコンや、家具なども、当然のことながら、事業の経費で落とすことができます。もちろん、それは「仕事に関連付けられる」場合です。

でも、どこまでが仕事に関係するもので、どこからが関係しないものかの区別がつかない、という人も多いでしょう。

その点をちょっと説明しておきましょう。

たとえばテレビの場合。

要は仕事に関係するかどうかです。少しでも仕事に関係していればＯＫですが、無関係ならば難しいでしょう。

オフィスか、仕事をする部屋に置いておき、仕事中につけたり、来客のときにつけたりしているのならＯＫでしょう。自分の部屋に置いていて、プライベートで見ているだけならば、不可といえます。ただ、テレビで仕事関係のことを頻繁に情報収集しているんだったら別です。ゴルフ関係の仕事をしている人が、ゴルフ中継を毎回見ているというような場合などで

す。

こういう具合に、「仕事に関連付けられれば」いいということなのです。

パソコンなどは、すぐに仕事に関連付けられますよね？

家具なども、そうやってうまく関連付けてください。

で、気をつけなくてはならないのが、なるべくなら10万円未満に抑えるということです。

パソコン、家具などは、10万円未満であれば、買ったその年に全額を損金にできます。だから、なるべくなら10万円未満のものを買った方が、税務上は面倒がなくていいです。

10万円以上のものでも、減価償却ができるので、最終的には損金にできるのですが、ちょっと面倒な計算が必要となりますので、普通は10万円未満を狙った方がいいでしょう。固定資産に関しては第3章で後述します。

それと、もう一つ気をつけなくてはならないのが、セットで使うものはセットで10万円以上になったらダメということです。たとえば、ソファセットを買った場合、ソファとセットのテーブルが、単独ではそれぞれ10万円未満になっていても、セットで10万円以上になっていれば、固定資産にしなければならないのです。

セットで使用するものは、セットでいくらかが問われるのです。

携帯電話代を経費で落とす

前項では、パソコンの購入費を経費で落とす方法を紹介しましたが、パソコンの本体のみならず、通信料や携帯電話代も経費で落とすことができます。

現代人にとって、携帯電話は不可欠なものです。でも携帯もけっこう費用がかさみますよね？

スマートフォンなどにしている人は、数万円かかっている場合も多いのではないでしょうか？

で、この携帯電話代を経費で落とせれば、けっこう楽になるはずです。

携帯電話は、業務でも必要不可欠なので、経費で落としても別におかしくはありません。家の電話代ももちろん経費で落とすことができます。

ただこの場合、注意しなければならないことがあります。

携帯などは、プライベートで使うことがあるでしょうから、それは按分しなければならないのです。

按分の方法は、家賃などと同様の方法です。時間などで仕事に使っている分とプライベートの分を按分するのです。ただ情報通信費の場合は、経費で落とせる範囲がさらに広くなるといえます。プライベートで、ネットやアプリを使っているときにも、そこから得られた情報が仕事に結びつくことは多々ありますからね。

また携帯やパソコンを、仕事用とプライベート用で二つずつ持っているような場合は、仕事用に関しては全額を経費で落とすことができます。

書籍、雑誌代を経費で落とす

パソコンの購入費、携帯電話代のほかにも、書籍や雑誌の購入費も経費で落とすことができます。

日本人は、非常に読書家が多いですからね。世界的に見ても、書籍や雑誌をこれほどよく読んでいる国民は珍しいそうです。人によっては、この書籍代がけっこうかさむ場合も多いのではないでしょうか？

書籍や雑誌も、一定の要件をクリアしていれば、経費で落とすことができます。

一定の要件というのは、やはり「事業に関連するもの」ということです。が、別に事業に直接関係する書籍や雑誌でなくてもいいのです。間接的であっても、事業に関連していればいいのです。

業界や世間の動向をつかむためや、一般的な知識を得るなどの研鑽《けんさん》のために、書籍や雑誌を買っていることが多いものです。それらも経費で落とすことができます。書籍の場合、いろんなものが仕事の「情報収集」になりえますからね。書籍は、経費として認められる範囲が広いのです。週刊誌などでも、重要な情報源ですから、当然、経費として認められます。

運転免許費用を経費で落とす

生活や遊びの費用だけでなく、技術習得のための費用も、経費で落とすことができます。技術習得というのは、別に「〇〇取扱い資格」とかそういう専門的なものでなくてもいいのです。車の免許取得でも、経費で落とすことができるのです。

特殊技能や特殊な資格を必要とする仕事は多いものです。また資格を取る事で、事業を拡大できることもあります。

たとえば、今まで車の免許を持っていなかった人が車の免許を取れば、事業の幅が非常に広がります。営業範囲が広がったり、取り扱う商品が増えたりもするでしょう。

また車の免許は、いまや現代人の必需品となっています。業務の中で車を使わない会社はほとんどないので、事業の経費で免許を取ることが可能なのです。

ただ、車の免許は、プライベートとの混同が疑われる部分でもあります。事業の中で、車をまったく使わない場合は、免許取得費を経費で落とすのは難しいでしょう。たとえば、事業の中での移動（通勤、打ち合わせ、営業、輸送など）に、車をまったく使っていないような場合には。

英会話の受講費を経費で落とす

生活費、遊興費のみならず、習い事の費用や、語学学校の費用なども場合によっては経費で落とすことができます。

前項で述べましたように、業務に必要な知識、技能を身につけるための費用は、経費で落とせることになっています。

最近では、社会人がアフター５に英会話学校に行っていることもよくあります。これを事業のために行っているということにすれば、経費で落とすことができます。どういう習い事なら経費で落とせるかというと、要は「事業に関連するもの」です。でも、何度もいいましたように、必ずしも直接業務に関連する必要はないのです。間接的にでも関連していればいいのです。

だから英会話学校などは、どんな事業者でもだいたいＯＫということになります。昨今の企業活動で英語がまったく必要ない、などという事業者はほとんどいないといっていいでしょう。伝統工芸の職人さんでも、外国人観光客向けに英語を習っていたりするものです。

また英会話に限らず、いろんな専門学校、講座の費用も経費で落とすことができます。業務に関係のあるものであれば。

経理の学校なども、大丈夫です。経理は事業に直結しますので。ほかにも事業に関係する学校であれば、経費で落としていいのです。

旅行代を経費にする方法

モノを買った場合のみならず、旅行代も経費で落とすことができます。

もちろん、無条件にどんな旅行でも経費で落とせるわけではなく、一定の条件はあります。

その条件というのは、何度かいいましたように「事業に関連するもの」ということです。

なので、旅行を仕事に関係があるようにしてしまえば、立派に経費として計上できるわけです。

「俺は仕事で旅行などしない」

と思われた方も多いかもしれません。でも、直接関係しなくても、間接的に関係していればいいのです。

旅行の中で事業に関する視察とか、仕事関係者との打ち合わせとか、商品開発調査などを旅行日程に入れ込めばいいってわけです。

たとえばネットで商品を販売している事業の場合、東南アジアに行って「何かネットで販売できる商品がないかどうかを調査した」ということにすればいいんです。おっと「ということにすればいい」じゃなくて、実際に、そういう調査をしてくればいいんです。

こういうのって、けっこうどうにでもなるものです。

仕事に関係する情報は世界中にありますから。それと結びつけて、「仕事での旅行」ということにするんです。

しかし、気をつけなくてはならないのは、あくまで「仕事の旅行」という形は崩さないことです。

仕事の旅行なので、調査レポートなども作っておいた方がいいでしょう。また日程のほとんどが観光地めぐりなどになると、ちょっとまずいので、日程の半分以上は仕事に関する事柄を入れておきましょう。

それと、あまりに豪勢な旅行なのもまずいでしょう。ビジネスで行くという建前がありますので。

スポーツジム、観劇のチケット代も経費で落とせる

経費の科目の中には、福利厚生費というものがあります。

福利厚生費というのは従業員の福利・厚生のための支出です。

たとえば、従業員がスポーツジムに行く時の月会費を福利厚生費から出したり、観劇のチケット代を出したりすることです。スポーツジムに行くことは、運動不足解消になり、健康増進につながりますし、観劇に行けばストレス解消や勤労意欲の増進につながります。そういう費用を、事業の中から出すのが、福利厚生費です。

普通の会社ならば、多かれ少なかれ、やっているものです。しかし、個人事業者の方は、あまりこの福利厚生費を使っていないようです。

「福利厚生費って、お金に余裕のある会社だからこそ出せるものじゃないの？」

そう考えている方も多いでしょう。

また福利厚生費は従業員のための支出なので、自分一人でやっている事業者には使えない、というような説もあるようです。

しかし、これは誤解です。

福利厚生費というのは、代表者も含めた従業員の福利厚生のための経費なので、一人でやっている事業者でも当然、経費として認められるわけです。

所得税法では、個人事業者は、販売費、一般管理費も必要経費として認められるということになっています。福利厚生費は、販売費、一般管理費の中に含まれますので、当然、必要経費となります。というより、確定申告書の収支内訳書の欄に、「福利厚生費」はしっかり記載されています。個人事業者が福利厚生費を使えるということは、税務署もちゃんと認めているのです。

しかし、確定申告のマニュアルなどでは、福利厚生費にはほとんど触れられていません。これは福利厚生費は、個人的支出と似通っているために、その区分けが難しいからなのです。つまりマニュアル制作者の本音をいうと「福利厚生費は計上しない方が無難」というわけなのです。

でも、個人事業者でも福利厚生費が認められていないわけではないので、使わない手はないのです。

そしてこれを、個人事業者やフリーランサーも使えるとすれば、経費の幅はぐーんと広がるわけです。

福利厚生費の注意事項

先ほども述べましたように、個人事業者の福利厚生費は、個人的支出と区分けが難しい部分でもありますので、税務署が難癖をつけやすい項目でもあります。

なので、注意をして使用したい経費です。

ただ、個人の福利厚生費というのは、どこまでが認められて、どこからが認められない、という明確な基準はないのです。「社会通念上、妥当なもの」ということになっているんです。

税務署も難癖をつける割には、明確な基準は設けていないという、なんとも無責任な話ですね。ですが、明確な基準がない場合、世間一般で認められていることならば、だいたい認められるということです。それを税務署が否認するのは、非常に難しいことなのです。

なるべく面倒がないように、福利厚生費を使おうというのなら、企業ですでに認められている福利厚生費だけを使うのが、いいと思います。

ただ企業で認められている福利厚生費といっても、けっこう幅広くあります。

スポーツジムや観劇、スポーツ観戦などのほか、１０００万円もするクルーザーを購入して、福利厚生のための支出としているケースもあります。クルーザーの場合、もちろん一括で経費にするのではなく、毎年減価償却するということになっていますが、それでもけっこうな額です。

会社でこれが認められるということは、個人事業者やフリーランサーでも理論上は可能なわけです。

少なくとも、スポーツジムや年に数回の観劇、スポーツ観戦、スキーなどのスポーツ、ディズニーランドなどの遊園地の入場などは大丈夫だといえます。

ただ「程度」は考えなければなりません。サッカー観戦や遊園地に、毎週、毎月行っているようでは、ちょっとまずいでしょう。どんな気前のいい企業でも、サッカー観戦に毎週行かせてくれるところはないはずですから。

この辺は、「常識」を持ってやってください。

またもし従業員を雇っている場合は、その従業員も、同じ条件で福利厚生を受けられるようでなければなりません。従業員は受けられず、事業者だけが受けられるなら、それは福利厚生とはいえないので。

それと、税務署に文句をいわせないためには、あらかじめ福利厚生費の基準をつくっておくといいでしょう。

「スポーツジムの月会費を福利厚生費で出す」
「観劇は年に○回」
「スポーツ観戦は月に○回」

という具合に。その基準が、世間一般の福利厚生費と大して差がなければ、税務署が文句をつける余地はない、ということになります。

キャバクラ代を経費で落とす方法

前著の『あらゆる領収書は経費で落とせる』では、キャバクラ代や愛人手当を経費で落とすということが、メイン・コンテンツのようになっておりました。

読者の方の書評などを読むと、いい意見、悪い意見いずれも、キャバクラ代や愛人手当などに関する部分に言及したものが多かったようです。まあ、善かれ悪《あ》しかれ、皆様が一番興味がおありになる部分ということでしょうか？

ということで、個人事業者を対象とした今回の本も、ご要望にお応えして（？）キャバクラ代を経費で落とす方法をご紹介したいと思います。キャバクラ代を経費で落とす方法というのは、「経費とはなんぞや」「会計とはなんぞや」ということが一番わかりやすく出てくることでもありますからね。

その方法は、基本的には前著とだいたい同じ感じです。

まずは、交際費で落とす方法です。取引先などの接待として、キャバクラを利用するということですね。

もちろん、「接待でキャバクラを利用した場合」に限られます。自分一人でふらりとキャバクラに行って、それを交際費で落とすことはできません。

「交際費の場合、一次会までは経費で落とせるけれど、二次会は落とせない」というような噂もあるようですが、それは都市伝説です。一次会であろうと、二次会であろうと、接待交際をしたのであれば、立派に経費で落とせます。

次にキャバクラ代をマーケティング費用として計上する方法もあります。

キャバクラには、マーケティングの情報があふれていますからね。キャバクラが繁盛しているかどうかで、世間の景気を占うこともできますし、どんな客層がいるかで好況な業種を知ることもできます。また若い女性が今、何を欲しているのか、流行はどうなっているのかを知ることもできます。

年を取ると、なかなか若い人と接する機会はありませんからね。年配の事業者にとっては、若い人の消費動向を知るまたとないチャンスではあるわけです。

ただ、これはあくまで「マーケティング」なので、その体裁は整えなくてはなりません。キャバクラで得た情報をレポートなどに残しておくくらいのことはした方がいいでしょう。

こういう具合に、キャバクラ代といえども、事業の経費で落とすことはできるのです。

ただ個人事業者の場合は、若干、気をつけなくてはならない点があります。

あまりやり過ぎてはならないということですね。前にも触れましたが、税法では「社会通念上」という壁があります。

個人事業者というのは、それほど大きな商いをやっているわけではありませんので、事業規模に対してあまりにキャバクラ代が多かったりすれば、まずいということです。理屈の上では、きちんと経費計上できることになっていても、「たったそれだけの所得しかないのに、こんなにキャバクラに行くのは、常識的におかしいだろう」ということになるのです。

ただし、やり過ぎてはダメ――「社会通念上」という壁

税務行政では、「社会通念上」という考え方があります。

これは、税法で明確に基準が定められていない曖昧な部分（グレーゾーン）については、世間一般の常識に照らし合わせて、可否を考えるというものです。

刑法などの場合は、法に触れることをしていない限りは絶対に罪にはなりません。しかし、税法の場合は、法に触れることをしていなくても、社会常識からかけはなれたことをしていればアウトになることもある、ということなのです。理屈の上では可能なことでも、世間一般の常識に照らし合わせてダメなものはダメということです。

たとえば、交際費。

売上が100万円しかない事業者が、交際費を300万円計上し、200万円の赤字で申告していました。接待交際の内容は、問題があるものではなく、交際費で計上可能なものばかりでした。しかし、売上が100万円しかないのに、なぜ交際費を300万円も使うのか？　という問題があります。世間一般の常識からは、確実に逸脱しています。こういう場

合はいくら税法には抵触していなくても「それはないだろう」ということになり、否認されてしまいます。

だから、ここに載っている節税策を施す際にも、世間一般の常識からかけ離れた使い方をすればアウトになることもあるということです。

それは重々ご承知ください。

あなたが節税策を施すとき「これは常識的にみてどうだろう?」と考えるべきだということです。

第3章
知らないと損する確定申告の裏ワザ

妻や家族に給料を払う――「専従者控除」という裏ワザ

確定申告では、あまり知られていない裏ワザという感じの節税方法がいくつもあります。それは、税務署もすすんでは教えてくれないし、確定申告のマニュアル本にもあまり載っていません。

それらの裏ワザ的な情報をこの章でご紹介したいと思います。

個人事業者やフリーランサーの税金では、「専従者控除」という支出が認められています。

専従者控除とは何なのか、というと、配偶者や親、子供などが、その事業の手伝いをしている場合、配偶者ならば86万円まで、他の親族ならば1人につき50万円までは、給料として事業の経費にできる、というものです。

つまり、あなたが夫なら、自分の妻に対して86万円までは給料として出すことができ、それを事業の経費として計上できるわけです。

「妻にお金を渡して、それを事業の経費で落とせるの？」

と疑問に思う方もいるかもしれません。

ですが、それができるんです。まあ、妻といえども、仕事の手伝いをしてくれたら、給料を払ってもいいわけで、その給料は当然、事業の経費に計上してもいいわけです。

この86万円という額は白色申告の場合であり、青色申告をしている場合は、限度額はなく、いくらでも専従者への給料を出せます。青色申告については第4章で詳述します。

86万円の支出が認められるというと、だいたい10万円以上の節税になります。

「妻は仕事の手伝いなんかしていない」

と思う人もいるでしょう。

でも物は考えようです。

仕事を直接手伝っていなくても、仕事をする環境を整えてくれたり、間接的に手伝ってくれている場合は多々あるはずです。

たとえば、仕事中にお茶を入れてくれる、仕事部屋を片付けてくれる、仕事の電話がかかってきたら応対してくれる、銀行振り込みにいったり、ちょっとしたものを買いに行ってくれるなどの雑用をこなしてくれる。それは立派に仕事の手伝いをしていることになるんです。

だって、同じことを他人にしてもらおうと思ったら、それなりの給料を払わなければならないのです。他人に対して、給料が生じるならば、近親者であっても給料が生じていいはずです。それが会計の基本的な考え方です。

ただ自営業の場合、周囲からは仕事の実態が見えないため、家族に対する給料が高すぎるというケースもあると思われます。そのため、専従者控除という枠を設けて、支払額の制限をしているわけです（でも、きちんと帳簿をつけている青色申告の場合は、制限はないということです）。

この専従者控除は、妻に限らず実家でフリーランスの仕事をしている方も使えます。

たとえば、母親に仕事を手伝ってもらっているということにして、専従者控除を受けることもできます。母親も、いろいろ雑用をしているはずです。息子や娘から見れば母親というのは配偶者より使いやすいものです。部屋を片付けたり掃除をしたり、お茶をいれてくれたり、電話を取ってくれたり、そういう雑用を何気なくこなしてくれていることも多いはずです。そういう労に報いるためにも、専従者控除を受けるべきといえるでしょう。

こういう具合に、使い勝手のいい「専従者控除」ではありますが、若干の条件があります。

まず専従者控除を受けるには、その対象者は専従者として働いていなければならないという建前があります。1年間のうち6カ月以上従事しない場合は、控除の対象とはならないのです。

だから、妻が別のパートの仕事を年間6カ月以上していたり、母親が週の半分以上は習い事で家を空けているなどの場合には、専従者控除を受ける資格がないということです。

また遠方に住んでいる親族も対象にはなりません。遠方に住んでいる人が、仕事の手伝いをしているというのは無理のある話ですから。ただ遠方に住んでいても帳簿をつけてもらったり、営業をしてくれたりするなど、実際に仕事をしていれば対象となります。その際も、他のパートを年間6カ月以上するなどしていたらダメです。

「妻に86万円も給料を出すのは惜しい」

というような、ケチな夫もいるかもしれません。

しかし、ここも「モノは考えよう」なのです。

妻に、「給料だよ」といって86万円耳を揃えて渡す必要はないのです。建て前の上ではそういうふうにしなければならないんですが……。夫婦の間のお金のやり取りは、外からは見えないものです。だから生活費として渡しているお金のうち、86万円分は妻の給料ということにすればいいのです。

この専従者控除というのは、領収書の受け渡しがあるわけではないので、年が変わってから経費計上することもできます。

12月末に収支決算をしてみて、思ったよりもたくさん利益がでていたときに、専従者控除を使って86万円を利益から差し引くことができるのです。

専従者控除は、条件に該当してさえいれば、使っても使わなくても構わないものなので、儲かったときには節税のために使い、儲かっていない時には使わない、ということもできるのです。

つまり、儲かった年は、専従者控除を使って所得を86万円減らし、儲からなかった年はそれをしない、というわけです。

また86万円ならば、妻には所得税がかかりません。だから妻の税金が増える心配もありません。ただし妻が別にパートに出ていたりして、全体の収入が年間１０３万円を超えれば、所得税がかかってきますし、扶養控除からも外されますので、注意を要します。

浮き沈みが激しい業種には、特別減税制度がある！

事業によっては、非常に浮き沈みの激しいものもあります。

たとえば、作家などは、例年は作家での収入が数百万円しかなく、アルバイトで食いつないでいる、でも賞をとって突然売れ出して、年収が数千万円になったというようなことはよくあります。

こういう人は、日本の税制上ではちょっとかわいそうではあります。

というのも、ずっと貧乏暮らしをしていて、高収入になった途端に莫大な税金を取られてしまうからです。過去の貧苦については、税金の上では原則として考慮されないからです。

しかし、それではあまりにもかわいそうだということで、一部の業種の人たちには、特別制度があります。

この制度は、「変動所得の特例」と言われるもので、突然、収入が増えた場合は、過去の低収入分を若干考慮して、税率を低くしてあげますというものです。対象者は、漁獲またはのりの採取で収入を得ている人や特定の養殖業者※と、原稿、または作曲で収入を得ている人、著作権収入の人です。

※特定の養殖業者というのは、はまち、まだい、ひらめ、かき、うなぎ、ほたて貝または真珠（真珠貝を含む）の養殖業者のことです。

簡単にいえば、急に所得が増えた場合は、過去3年の平均所得をベースにして、その平均を上回って増えた所得は、5年で振り分けたことにして、税率を決めましょうというものです。

少し、ややこしいですね。

具体的な例を挙げて説明しましょう（表8）。

過去2年間は、平均100万円の所得しかなかった作家が、今年は急に売れて、1100万円の所得があったとします。実際、作家って、こういうことはよくあります。

つまり例年よりも1000万円も所得が増額したわけです。

この増額分1000万円を、過去5年に振り分けると1年あたり200万円の所得増になります。つまり、税務計算上この人の5年の平均所得は300万円ということになるのです。

所得が300万円だと、所得税率は10％です。

なので今年の所得税は、この10％の税率でいいですよ、というものです。

その結果、1100万円の所得に10％の税率をかけ、9万7500円の控除をした金額100万2500円が、この人の所得税になるのです。

所得税は、累進課税になっているので、通常は、1100万円の所得があれば、209万4000円ほどの所得税がかかります。しかし、この変動所得の計算を利用すれば、約10

表8　過去5年間の所得平均が100万円で、今年だけ1,100万円になった作家の所得税の計算

■普通に計算した場合
1,100万円 × 税率33% － 153万6,000円（控除額） ＝ 209万4,000円（所得税額）
⇨ つまり所得税 209万4,000円

■変動所得の特例で計算した場合
1,100万円 × 変動所得の特別税率10% － 9万7,500円（控除額） ＝ 100万2,500円（所得税額）
⇨ つまり所得税 100万2,500円

■両者の差額	
普通の計算の場合の所得税	209万4,000円
変動所得の特例を利用した場合	100万2,500円
差　額	**109万1,500円**

9万円も所得税が安くなるのです。

著作権で収入を得ている人、ライターや作曲家、作詞家などは、要チェックの節税方法です。

変動所得の計算をして確定申告するのには、税務署に特別な届出などはいりません。この計算を利用できる人の要件に合致していればいいのです。

変動所得の計算は、確定申告書の用紙が通常のものとは別になっているので、税務署で申告書をもらうときに、「変動所得の計算書をください」といって、入手する必要があります。

申告書が送付されてくるような人は、送付されてきた用紙の中に、「変動所得の計算書」は入ってないので、新たに税務署にもらいに行く必要があります。またこの用紙は、他の申告書と同様、国税庁のサイトから入手できます。

ただ変動所得の計算書の書き方は少し難しいものです。会計に知識のない人は、自力では書けないかもしれません。その場合は、税務署に書き方を教えてもらいましょう。

この変動所得の特例は、印税収入者以外の、たとえば芸能人や、スポーツ選手などには認められていません。本当は、そういう収入の増減が激しい職種全般にこの制度が適用されるべきだと、筆者は思うんですがね。

芸能人が売れ始めると、無茶な脱税をしたりするのは、結局、売れなくなったときのために、少しでも蓄えておきたいという心理からですからね。もし、この特例が適用できれば、そういう脱税は減ると思います。

国民年金基金を使った節税

自営業者やフリーランサーは、収入の多い年に社会保険料を一括して払えば節税になるということは、第1章で紹介しました。

この章では、さらに、もう一歩進んだ節税策をご紹介しましょう。

それは国民年金基金に加入するという方法です。

国民年金基金というのは、国民年金だけでは足りないと思う人が、掛けられる公的年金です。

この国民年金基金も、他の社会保険同様、支払額の全額を所得から控除できます。そして、国民年金基金は、掛け金を自分で決められるので、自分の所得に合わせて払うことができるのです。

だから収入が増えて、節税策が必要なとき、国民年金基金に加入すれば、自分の年金資産を作りながら節税できます。国民年金基金は、年金としても非常に有利なものです。

月額３万円の終身年金をもらうためには、40歳加入で、月額１万７１４５円を払えばいいのです。これは15年支払い保障なので、もし早く死んでも元は取れます。

国民年金基金は、民間の金融機関の金融商品で老後の資金を貯《た》めるよりは、圧倒的に有利だといえるのです。自営業者の年金は国民年金だけでは、老後の生活資金としてはとても足りません。どうせ税金に取られるくらいならば、国民年金基金に入るべきでしょう。

また国民年金基金も翌年３月分までの前納制度があります。前払いした額も、その年の所

表9　国民年金基金の概要

■加入対象者

自営業やフリーランスの人とその配偶者で、保険料を納めている20歳以上60歳未満の方が加入することができる

■掛金

掛金は月額６万8,000円以内で自由に選択できる（ただし、個人型確定拠出年金にも加入している場合は、その掛金と合わせて６万8,000円以内となる）

■納付方法

掛金の納付は口座振替により行われる
４月から翌年３月までの１年分を前納すると0.1カ月分の掛金が割引される。また割引はないが、翌年３月までの一定期間分の掛金を一括して納付することができる

■掛け金の変更と解約

掛金額は変更（増口、減口）することができる。増口は年度内１回に限る
また解約はできるが、返金はない。すでに納付した掛け金は将来の年金に加算される

得から控除できます。だから、儲かった年は、国民年金基金に加入して、前払いすれば、税金を大幅に節税できます。

国民年金基金を節税策として用いた場合、ネックとなるのが、これは預金ではなく、あくまで年金だ、ということです。一旦支払ってしまえば、引き出すことはできません。年金としてもらうまで、お金は戻ってこないのです。もし、国民年金基金が払えなくなって

やめたとしても、その時点で、掛け金を引き出すことはできません。その分は将来、年金をもらえる年齢になったら年金としてもらえます。

国民年金基金の概要は表９の通りです。

「共済」はうってつけの節税アイテム

中小企業には、「共済」という節税アイテムがあります。

どういうことかというと、特定の共済に加入すれば、その掛け金の全額が、経費計上できる（もしくは所得から控除される）のです。

これらの共済は、本来は中小企業の経営基盤を強化するためのものです。連鎖倒産を防止するための積み立て共済であったり、事業者が退職したときのための積み立て共済であったりするわけです。

しかし、これらの共済には、中小企業の経営基盤を強化するだけではなく、「節税」というメリットが付加されているのです。

掛け金がすべて経費として計上できる上に、その掛け金は全額を積み立てる形態になっており、一定の期間を置けば掛け金が全額戻ってくるものです。定期預金とほぼ似たようなものです。

つまり、定期預金をして、その預け金を事業の経費で落とせるというわけです。資産を蓄えながら、節税もできるということであり、これほど美味《おい》しい話はありません。

だから、もしとても儲かった年があれば、その年に共済に加入するのです。共済は前払いができますので、1年分の前払いをして、全額を経費で計上するのです。そうすれば、儲かった年の税金が安くなる上に、資産を蓄積することができます。そして、蓄積した資産は、儲からなかった年に引き出せばいいのです。

たとえば、フリーランスの設計士のAさんが、ある年に非常に儲かって、普段よりも300万円収入が多かったとします。

このAさん、ずっと忙しくて節税をする暇もなく、12月になって、所得の計算をしたところ、その額の多さにびっくりしてしまいました。

そして、中小企業倒産防止共済という共済（通称・経営セーフティ共済。以下、倒産防止共済。詳細は次項）のことを知り、これに加入して満額を1年分前払いしました。倒産防止共済は、満額で月20万円です。だから1年分の前払いということは、240万円です。この

２４０万円は、全額を経費に計上できます。

だから、３００万円の収入増のうち、２４０万円をこの倒産防止共済で消すことができたのです。つまり、Aさんは、例年より60万円の収入増だけで済んだのです。税金もわずかに10万円ほど増えただけです。３００万円も収入増になったのに、税金の増額は10万円で済んだのです。

しかも、倒産防止共済に振り込んだ２４０万円は、40カ月後に利子がついて戻ってきます。つまり、まったく腹を痛めることなく、２４０万円もの経費を増やせたのです。

この共済が、どれだけ節税アイテムとして優れているか、中古車の購入などと比較すればよくわかります。

中古車を購入すれば、かなり有効な節税になります。そして、税務の世界では、中古車購入が節税になることはよく知られている話でもあります（詳細は１２９ページ参照）。しかし、その優良節税アイテムの中古車よりも、共済の方がはるかに節税効果は高いのです。

中古車購入でどれだけ節税になるかというと、たとえば、４年落ちの２４０万円の中古車を購入したとします。

定率法を選択していれば、１年目で１００％が減価償却費として計上できます。が、減価償却費はその年に使った期間で按分しなければならないので、7月に購入したとしても、計上できるのは6カ月分の120万円になります。

しかも、プライベート部分と仕事部分で按分しなければなりません。プライベート4割、仕事6割とするなら、72万円となります。だから、中古車購入費用の240万円のうち、この年に減価償却できるのは、72万円ということになります。

一方で、共済の場合は支払った240万円が全額その年の経費にできるのです。

しかも、共済の場合は、数年後に全額が戻ってきます。中古車の場合は、毎年、資産価値は減っていくので、資産としては目減りしていきます。

節税アイテムとしての両者は、その差が歴然としているのです。

この共済の存在を知っているのと知らないのとでは、税金の支払額がまったく違ってきます。

現在のところ、個人事業者の方が使える節税型共済は三つあります。

次項で順にご紹介していきましょう。

儲け過ぎた収益を将来に持ち越す方法――倒産防止共済

個人で事業をやっていると、収入に波があるものです。

事業というのは、毎月、毎年、一定額の収益をあげられるなどということはなかなかありません。思ったよりもずっと儲かるときもあれば、まったく儲からないときもある、それが商売というものです（そうではない業種もたまにはありますが）。

個人事業者がサラリーマンと比べてもっとも不利な点は、この「収益が不安定」ということではないでしょうか？

で、思ったよりずっと儲かった年に、こういうことを思う人もけっこういると思われます。「今年ばかりこんなに儲からなくていい。この儲けを来年や、再来年に分散したい」と。

だって、1年間でたくさん儲かったって、税金でがっぽり取られますからね。だから、1年でたくさん儲かるより、毎年、それなりに儲かった方が、事業者としては都合がいいわけです。

しかし、儲かった年の収益を、来年や再来年にとっておくことなど普通はできませんよね？

税法ではその年の収益はその年の収益として処理しなければなりません。もし無理やり収益を持ち越そうとすれば、それは脱税になってしまいます。実際、税務署が摘発する「課税漏れ」のほとんどは、儲けを繰り越そうとして無理な経理処理をしたものなのです。

と、ところが……です。

合法的に、その年の収益を未来に持ち越す方法があるのです。

その方法とは、前項でも少し述べた倒産防止共済を使うことです。

これは、共済の中で、もっとも有効な節税アイテムといえます。取引先に不測の事態が起きたときの資金手当てをしてくれる共済で、昨今の連鎖倒産などを予防するために作られた制度です。

この制度は、簡単にいえば、毎月いくらかのお金を積み立てておいて、もし取引先が倒産とか不渡りを出して、被害を被った場合に、積み立てたお金の10倍まで無利子で貸してくれますよ、というものです。

たとえば、毎月10万円ずつ3年間積み立てたとします。

積立金は3年間で360万円ですね。で、取引先が倒産して、大きなダメージを受けたとき、360万円の10倍の3600万円まで無利子で貸してくれるというわけです。

この倒産防止共済は中小企業のために作られた制度ですが、個人事業者やフリーランサーももちろん使えます。

しかも、この倒産防止共済は、掛け金が全額経費に計上できるのです。1年分の前払いもでき、前払いした分もすべて払った年の経費に入れることができます。

なので、儲かった年に、この共済に加入すれば、非常に節税になるのです。

倒産防止共済は、掛け金の額を5000円から20万円まで自分で設定できます。前項で述べましたように、掛け金を最高額の月20万円に設定して、1年分前払いすれば、240万円もの所得を減らすことができます。

「儲かった年はいいけれど、儲からなかった年はどうするんだ？」

と思った人もいるでしょう。

ご安心ください。

倒産防止共済は、途中で減額することもできます。

なので当初の掛け金は節税のために最高額にしておいて、景気が悪くなったら減額する、という手も使えます。

しかも掛け捨てではなく、掛け金の「全額」が積立金となります。

積立金は、もし不測の事態が起こらなかった場合は、40カ月以上加入していれば全額解約金として返してもらうこともできます。「40カ月も待てない」という人もいるかもしれませんが、40カ月未満の加入者でも若干返還率が悪くなりますが、返還してもらえます。

また積立金の95％までは、不測の事態が起こらなくても借り入れることができます。この場合は利子がつきますが、それでも0・9％という低率です。なので、運転資金が足りないときなどには、貯金を引き出す感覚でこの積立金を借りることができます。

倒産防止共済は倒産防止保険がついた定期預金のようなものだといえます。公的機関が作っている制度なので、破綻する心配もありません。

節税策として、うってつけのものだといえます。

自営業者やフリーランスの方で、急に事業が上向きになり、緊急の節税をしたいという場合、もっとも有効なアイテムといえるでしょう。

表10 中小企業倒産防止共済制度の概要

■加入資格

- 1年以上事業を行っている企業
- 従業員300人以下または資本金3億円以下の製造業、建設業、運輸業その他の業種の会社及び個人
- 従業員100人以下または資本金1億円以下の卸売業の会社及び個人
- 従業員100人以下または資本金5,000万円以下のサービス業の会社及び個人
- 従業員50人以下または資本金5,000万円以下の小売業の会社及び個人
- ほかに企業組合、協業組合など

■掛金

- 毎月の掛金は、5,000円から20万円までの範囲内（5,000円単位）で自由に選択できる
- 加入後、増・減額ができる（ただし、減額する場合は一定の要件が必要）
- 掛金は、総額が800万円になるまで積み立てることができる
- 掛金は、税法上損金（法人）または必要経費（個人）に算入できる

■貸付となる条件

- 加入後6カ月以上経過して、取引先事業者が倒産し、売掛金債権等について回収が困難となった場合

■貸付金額

- 掛金総額の10倍に相当する額か、回収が困難となった売掛金債権等の額のいずれか少ない額（一共済契約者当たりの貸付残高が8,000万円を超えない範囲）

■貸付期間

- 5年〜7年（据置期間6カ月を含む）の毎月均等償還

■貸付条件

- 無担保・無保証人・無利子（ただし、貸付けを受けた共済金額の10分の1に相当する額は、掛金総額から控除される）

■一時貸付金の貸付け

- 加入者は取引先事業者に倒産の事態が生じない場合でも、解約手当金の95%の範囲内で臨時に必要な事業資金の貸付けが受けられる

■加入の申込先、問い合わせ先

- 金融機関の本支店・商工会連合会・市町村の商工会・商工会議所・中小企業団体中央会など

小規模企業共済に入ろう！

前項では、「倒産防止共済」を紹介しましたが、これと似たような制度で、小規模企業共済というものがあります。

これは、小規模企業（法人や個人事業）の経営者の退職金代わりに設けられている共済制度です。毎月、お金を積み立てて、自分が引退するときや事業をやめるときに、通常の預金利子よりも有利な利率で受け取ることができるものです。

たとえば、毎月5万円の掛け金で、10年間掛け続けた個人事業者の方がいるとします。その方が事業をやめるとき、6百数十万円を受け取ることができるのです。

この小規模企業共済は、中小企業を対象に作られたもので、もちろん個人事業者やフリーランサーも加入できます（他に中小企業の役員なども加入できます）。

この小規模企業共済も、「倒産防止共済」と同じように掛け金の全額を所得から控除できます。しかも前納することができる上に、1年以内分の前納額は全額を支払った年の所得控除とすることができます。掛け金は、月に1000円から7万円までです。

表11 小規模企業共済の概要

■加入資格
・従業員が20人（商業とサービス業では５人）以下の個人事業主と会社の役員

■掛金
・1,000円から70,000円までの範囲内（500円単位）で自由に選べる ・加入後、掛け金の増額、減額ができる（減額の場合、一定の要件が必要）。また業績が悪くて掛金を納めることができない場合は、「掛け止め」もできる

■共済金の受取り
・事業をやめたとき、会社の場合は役員をやめたとき、など

■加入の申込先
・倒産防止共済と同じ

だから、年末に月々７万円の掛け金で加入すると同時に、１年分を前納すれば、84万円もの所得を年末に一気に減らすことができるのです。

小規模企業共済は、貯金しながら自分の課税所得を減らすのと同じことなのです。

ただ倒産防止共済と比べて若干、難点があります。というのは、小規模企業共済は、原則として掛けたお金は、その事業をやめたときにしか受け取ることができないということです。倒産防止共済のように、40カ月後には全額返還してくれるというような制度ではないのです。

事業を廃止しなくても解約できますが、その場合は、給付額が若干少なくなります。

また掛け金の7割~9割程度を限度にした貸付制度もあるので、運転資金が足りないときなどには活用できます。

共済金を受け取った場合は、税制上、公的年金と同じ扱いとなります。ここでも税制上、優遇されているといえます。公的年金は、普通の所得にかかる税金と比べれば、半分くらいしかかからないからです。

車の購入費も経費で落とす

節税策の一つとして、車を買うという方法があります。車はとても高価なものですし、これを経費で落とせれば、かなり有効な節税となるわけです。

「仕事で車を使っていないから、経費で落とせないよ」

と思っている人もいるかもしれません。

本当にそうでしょうか?

たとえば、「仕事関係の品物を買いに行く」ときに車を使った場合、それは仕事で車を使ったということになります。

同様に「仕事関係の郵便物を出しに行く」「仕事関係の支払いのために銀行に行く」、そういうときに車を使っても、仕事で車を使っているということになるのです。

つまり、個人事業者の方が、車を持った場合、それを仕事でまったく使わないということはあり得ないことだといえます。

ただ、車を経費で落とす場合、若干、面倒な手続きがあります。

車を買った場合、購入費を一括で経費にすることはできません。車は減価償却資産といって、耐用年数に応じて、購入費を費用化していくのです。

減価償却って聞いたことがありますよね？

経理初心者の方には、これがなかなかわかりにくく、鬼門となっているようですが、よく見てみれば、そう難しいものではありません。

数年間にわたって使用できる高額なものを購入した場合、購入額を一度に全部経費で落とすのではなく、使える年数に按分して経費計上するということです。

たとえば、普通車の耐用年数は6年なので、購入費を6年に按分して経費とすることになります。120万円の車を買った場合は、120万円を6年間に按分して経費化します。だから、1年間に20万円ずつ、これを6年にわたって経費計上するのです。

本当はもう少し複雑な計算がありますが、基本的な計算式はそういうことです。

減価償却なんて実は簡単！

で、減価償却の方法は、定額法と定率法というのがあります。

定額法は耐用年数に応じて、毎年同じ額だけ減価償却費を計上していくというものです。

計算式にすれば次の通りです。

購入金額 ÷ 耐用年数 ＝ 減価償却費

これは先ほど例示した計算式とほぼ同じです。１２０万円の車を買った場合、１２０万円を6年間で割ります。で、20万円が1年分の減価償却費ということになります。

で、車を新たに買った年には、使った期間を月数で按分しなくてはなりませんので、もし7月に買ったとすれば、半年分の減価償却となり、10万円が減価償却費となります。

定率法は毎年、車の残存価額に同じ率をかけて減価償却費を計上していきます。計算式にすれば次の通りです。

購入金額（残存価額）×減価償却率×使用した月数÷12＝その年の減価償却費

たとえば、120万円の車の例でいうならば、耐用年数6年の償却率は0・333なので、最初の年は120万円×0・333×0・5（半年分として）で、19万9800円が減価償却費として計上できます。

で、次の年は、車の残存価額（120万円－前年の減価償却費19万9800円）に、償却率0・333をかけた33万3066円が減価償却費になります。

個人事業者、フリーランサーの場合、車をプライベートで使うこともありますので、その場合は、さらに按分しなければなりません。たとえば仕事とプライベート半々で車

表12 減価償却の耐用年数の例

ラジオ、テレビ、音響機器	5
冷房用又は暖房用機器	6
接客業用以外の応接セット	8
時計	10
エレベーター	17
鉄骨鉄筋コンクリート（事務所用）	50

出所）「減価償却資産の耐用年数等に関する省令」より

表13 減価償却率

■平成24年４月１日以後に取得した減価償却資産の定率法の場合

耐用年数	償却率
2	1.000
3	0.667
4	0.500
5	0.400
6	0.333
7	0.286
8	0.250
9	0.222
10	0.200
20	0.100
30	0.067
40	0.050
50	0.040
60	0.033
70	0.029
80	0.025
90	0.022
100	0.020

注）耐用年数は１年刻みに規程があるが、ここでは抜粋した

出所）「減価償却資産の耐用年数等に関する省令」より

を使っていたとするなら、経費も半分だけ計上できるということになります。

なんか計算が面倒ですが、数十万円の経費が上乗せできるわけなので、頑張って計上しましょう。

次に、定額法と定率法のどちらが得かというと……

定額法が毎年同じ金額を減価償却するのに比べ、定率法は最初に減価償却費が大きく、だんだん減っていくということになります。

定額法にするか定率法にするかは、自分で決めていいことになっています。選択した償却方法は、確定申告の期限までに税務署に届け出を出せばＯＫです。ただし届け出をしない場

合は、自動的に定額法になります。

また車を買った場合、車の維持費も当然、経費に計上することができます。

ガソリン代、駐車場代、車検、自動車税などなどです。これも仕事とプライベートの割合で按分しなければなりません。

４年落ちの中古車を買えば、節税効果が大きい

前項では車を買えば節税になるといいましたが、節税のために車を買うならば、新車よりも４年落ちの中古車を買うといいです。

４年以上経過している車は、耐用年数が２年になります。なので、定額法でやったとしても一年間に購入費の半分を減価償却費に計上できるわけです。

また定率法では、耐用年数２年の場合は償却率が１・０００です。つまり購入費の１００％を減価償却できることになるのです。

たとえば４年落ちの２００万円の中古車を買った場合、定率法をとっていれば償却率は１・０００なので、計算式は次の通りになります。

200万円×1・000＝200万円　⇧これが1年目の減価償却費

のです。

もし7月に買ったとしても、半分の100万円を減価償却費として計上することができるのです。

もしこの車を5年ローンで買ったとすれば、年間のローン額はせいぜい50万円です。半年間ならば25万円です。なので、7月に買ったとすると、お金は25万円しか出て行っていないのに、100万円の減価償却費を計上できることになります。

もちろん、2年で減価償却が終わってしまうので、3年目からは減価償却費はないのに、ローンは残るということになりますが。

というように一挙にたくさんの経費を計上したい、というときには、4年落ちの中古車などはうってつけのアイテムといえます。

ただ先ほども述べたように、個人事業者、フリーランサーの場合は、仕事とプライベートの按分をしなくてはなりませんので、仕事とプライベートが半々の人は、減価償却費も半分くらいになってしまいます。それでも、車の購入費の半額が経費で落とせるのだから、使わない手はないというものです。

自家用車を事業用に組み入れる方法

これまで車を買えば節税になるということを紹介してきましたが、「もう車は持っている」という人も多いでしょう。

そういう人のために、すでに所有している車を、事業用に組み入れて、減価償却をする方法をご紹介しましょう。

つまりは、今まで持っていた車を、事業用資産として減価償却の対象にするわけです。そして、毎年減価償却費を計上するというわけです。

たとえば、120万円の車を2年前に購入していたとします。で、今年から事業用に組み入れることにしました。この車を事業に使っている割合は50％です。

その場合、まず最初の購入価額は120万円の50％で60万円だったことになります。そして買ってから2年経過しているので、定額法で2年間減価償却をしたとして計算します。

60万円÷6年（耐用年数）＝10万円　⇧これが一年分の減価償却費
10万円×2年分＝20万円　⇧これがすでに減価償却しているとみなされる額

20万円はすでに減価償却しているとみなされ、現時点での車の価額は、40万円ということになります。この40万円をあと4年の耐用年数として減価償却すればいいのです。

ただ平成19年3月31日以前に購入したものについては、改正前の減価償却の方法を使わなくてはならないので、ちょっと面倒な計算になります。これを事業用に組み入れる場合は、税務署に持って行って、計算してもらった方がいいかもしれません。

その場合、車の取得年月日と、事業に使っている割合を提示すれば、すぐ計算してくれます。

第4章 本当は危ない青色申告

青色申告には罠がいっぱい

巷に流れている確定申告の情報って、本当に少ないです。基本情報ですら、まともなものはあまりありません。

税務当局に都合のいい情報とか、その逆に明らかに脱税となる危ない節税術が、さも正しいことのようにいわれていたり。

で、そういう、役に立たない情報やら都市伝説などを除外して、この章では本当に役に立つ確定申告の本音の情報をお伝えしたいと思います。

まずは、確定申告の「基本設定」から。

個人事業者の方が確定申告をする場合、まず最初に「青色申告」にするか、「白色申告」にするかという問題があります。

で、一般的には青色申告をしたがる人が多いようです。

税務署の広告や、経理関連雑誌などで、青色申告をすすめているのをよく見かけます。税金マニュアル本などでは、必ずといっていいほど、青色申告をすすめています。

「青色申告をした方が、絶対に有利です」

という感じで。で、それを読んだ方は「へえ、青色申告って有利なんだな」と思って、よく考えもせずに青色申告にしてしまうようです。

しかし、税務の専門家の端くれとしていわせてもらえば、それはちょっとまずいでしょう、というところです。青色申告は決していい面ばかりではないのです。むしろ、経理初心者や小規模の事業者にとっては、悪い面の方が多いのです。

そもそも、青色申告と白色申告の違いも、一般の方にはなかなかわかりませんよね？

まずは、青色申告、白色申告とはなんなのかということを簡単に説明しましょう。

青色申告というのは、簡単にいえば、一定の条件に従って帳簿をきちんとつけた人が、若干の恩恵にあずかるという制度です。

青色申告をするには、税務署への届け出が必要で、税務署の許可が下りたときに、青色申告者となります。

この青色申告という制度は、昔、個人事業者は帳簿をきちんとつけていない人が多かったので、きちんと帳簿をつけさせるために、税務当局が始めたものなんです。そして、この条件で申告する場合は、青い色の申告用紙を使うので、「青色申告」という名前ができたわけです。

そして、青色申告をしない人は、自動的に白色申告になります。白色の申告書を使うので、通称「白色申告」となったわけです。

で、青色申告になればどんなメリットがあるかというと、大まかにいえば次のとおりです。

①65万円の所得控除が受けられること（簡易記帳の場合は10万円）
②家族を従業員にした場合、その給料が経費に計上できること（白色の場合は86万円まで）
③事業の赤字を3年間繰越できること
④貸倒引当金を設定できること

これらのメリットは確かにあった方がいいです。

65万円の控除を受けられれば、普通は税金が10万円近く安くなりますし、家族従業員に給料を払えば、収入を分散することで税金を少なくすることができます。

また赤字繰越も、収益の波が激しい事業者にとっては役立つといえるでしょう。貸倒引当金も、売掛金がすごく多いような事業者の方にとってはとても有益なものです。しかし、青色申告には大きな落とし穴があるのです。

青色申告は経理初心者にはむちゃくちゃ大変

というのも実は青色申告は、やたらと記帳が大変なのです。

自営業者やフリーランサーって、なにかと忙しいですよね？

経理や記帳などのことに、そうそう時間を取れるものではないでしょう？

でも、青色申告にしたら、相当これに打ちこまざるをえなくなるのです。というか、経理の素人で、完璧に青色申告をするというのは、ほぼ不可能といえます。

青色申告は、原則として複式簿記で記帳し、関係帳簿をほぼ完全に整備しておかなければならないのです。

「複式簿記ってなに？」

と思った方は、青色申告にするのはかなり難しいと思います。

複式簿記というのは、収入と経費の計算書だけではなく、資産の増減も完全に記録します。

その二つの簿記は、「当期の利益」の部分で一致することになります。

複式簿記にすれば何がわかるかというと、収支計算だけでなく、財産の目録も一緒に作っているようなものなので、売上金が、いまどこでどういう状態にある、ということまで完璧にわかるようになっているのです。

逆にいえば、「うっかりミスなんてありえない」のです。複式簿記は、損益計算書か貸借対照表のどちらかが間違った場合は、帳簿が一致しなくなるので、うっかりミスをしても途中で気づくはずです。だから、複式簿記を作っているということは、経理上のうっかりミスはまったくありません、ということでもあるのです。

ということは、税務署が売上の計上漏れなどを見つけたとき、納税者は「あ、すみません、そこはうっかりしてました」という言い訳は通用しないことになるのです。

つまりは、青色申告というのは、複式簿記という高度な経理が必要とされる上に、うっかりミスが絶対に許されないという厳しいものなのです。

これは経理初心者にとっては、かなり大きな負担です。税務署の関連団体などが記帳の指導も行っていますが、複式簿記を素人が自分だけで作るのは事実上無理です。

じゃあ、どうするかというと、「確定申告は難しいなあ」「税理士に頼むしかないなあ」ということになっていきます。税理士に、記帳全般から確定申告の作成まで頼めば、月数万円はかかります。青色申告で得られる節税額の数倍の費用が必要となるのです。

白色申告ならどんぶり勘定でいい？

で、一方、白色申告はどうなのか、というと……

ぶっちゃけていえば、青色申告に比べて格段に帳簿が楽です。

基本的には、売上と経費がきちんと記されていて、証票類などが残されていればいいとされています。

また白色申告者には、税法上の記帳の義務が、年間の所得が３００万円以上の場合のみ課せられています。この記帳の義務というのは、具体的にいえば、取引の年月日、金額、取引先の氏名、日々の売上の合計金額などを記録しなければならないということです。

逆にいえば、所得が３００万円に満たない人は、取引の年月日、金額、取引先の氏名、日々の売上の合計金額などを記録する義務さえないということなのです。

所得が３００万円以上というのは、売上が３００万円以上ということではありません。所得というのは売上から諸経費を差し引いた「利益」にあたるものです。利益が300万円というと、売上はどのくらいになるか。だいたい平均して1000万円くらいですね。個人事業者の利益率の平均が30%~35%くらいなので、利益が300万円なら、年間900万円から1000万円ほどの売上があることになります。

なので、だいたい1000万円くらいの売上がある事業者しか、記帳の義務は生じないということなのです。平成26年1月からは、所得が300万円以下の方も、記帳義務が生じることになりました。

しかし、この記帳の義務も、そう大したものではありません。

何月何日に、だれだれにいくらの売上があって、いくらの経費をだれだれに払ったということを記載していればいいのです。これだけで白色申告者の記帳義務はクリアできます。小遣い帳や家計簿とほとんど変わりませんね。

また領収書などの証票類は、5年間とっておかなければなりません。ただし、どれとどれを取っておかなければならない、という指定はありません。経理に関する証票類は残しておけ、ということです。

会社と個人事業の違いは登記をしているかどうかだけ

本書は、個人事業者やフリーランサーの方が主な対象なわけですが、経理初心者の方って、そもそも会社と個人事業がどう違うかということをご存知でない方も多いですよね？

「そんなことをわかっているよ。自分一人でやっている規模の小さい事業が個人事業。人をたくさん雇ったりなど大きな規模でやるのが会社だ！」

そういうふうに思っている方も多いと思います。

しかし、これが実はまったく違うんです。

たとえば、従業員が１００人以上いる製造工場であっても、個人事業ということもありえます。逆に、おばあさんがたった一人でやっているタバコ店でも、会社ということもあります。

これは一体どういうことでしょう？

会社と個人事業の違いというのは、実は法人登記をしているかどうかだけなのです。事業をやっている者のうち、法人登記をしている事業者が「会社」ということになります。それ以外は、個人事業なのです。

だから、100人の従業員を雇っている工場だとしても、法人登記をしていなければそれは個人事業なのです。おばあさんが一人でやっているタバコ店であっても、法人登記をしていれば、それは会社なのです。

事業の規模や、従業員の数などは、まったく関係ないのです。

以前は、法人登記をするためには、最低でも300万円の資本金（有限会社の場合）が必要であり、株式会社の場合は1000万円の資本金が必要でした。だから、資金のある事業者しか法人登記はできませんでした。しかし、現在は資本金の制約はなくなったので、30万円程度の登記費用さえ支払えば誰でも会社を作れるようになったのです。だから、事業の規模の大きさは、ますます関係なくなりました。

こういう具合に、会社と個人事業というのは、法人登記をしているかしていないかの違いでしかないのですが、やっかいなことに税金制度はまったく違うのです。

同じような事業をしていても会社と個人事業では、税法上の取り扱いがまったく違ってきます。まったく同じような商形態、まったく同じような規模であっても、です。

たとえば、同じような飲食店を営んでいる二者がいたとします。売上も収益もだいたい同じくらいです。

一方は会社組織で、もう一方は個人事業です。前者は、法人税、法人住民税などを払わなくてはなりません。

後者は、所得税、住民税などを払わなくてはなりません。法人税と所得税では、税率や計算方法がかなり違います。だから、だいたい同じくらいの利益が出ていても、税金の額はまったく違ってきたりするのです。

どちらが安いかということは、その事業の状況によって変わってきます。

個人事業者の税金は単純

で、個人事業者の税金は、どのように計算するのか、ざっくりご説明しておきたいと思います。

個人事業者の税金は、だいたい次のような手順で算出されます。

まず事業の売上から経費を差し引いて、「利益」を算出します。

この「利益」が、「事業所得」ということになります。この事業所得は、サラリーマンなどの所得と同じようなものです。この事業所得から、扶養控除などの所得控除を差し引いて、「課税所得」を算出します。

この「課税所得」に税率をかけたものが、納付すべき所得税ということになるのです。税率は「課税所得」額の多寡によって変わってきます。

簡単に示せば、次のような算式になります。

(売上－経費－所得控除)×所得税率－控除＝個人事業者の所得税

たとえば、売上1000万円、経費500万円の個人事業者の方がいたとします。この人の利益は500万円です。

すなわち、「事業所得＝500万円」ということになります。そしてこの人の所得控除は全部で300万円だったとします。

すると、この人の課税標準額は、以下のように200万円となります。

売上1000万円－経費500万円－所得控除300万円＝課税標準額200万円

表14 所得税の税率

課税される所得金額	税率	控除額
195万円以下	5%	—
195万円を超え330万円以下	10%	97,500円
330万円を超え695万円以下	20%	427,500円
695万円超え900万円以下	23%	636,000円
900万円超え1,800万円以下	33%	1,536,000円
1,800万円超	40%	2,796,000円

この課税標準の200万円に所得税率をかけて、控除額を引きます。課税標準額が200万円の人は、税率が10%で控除額は9万7500円です。

なので、次のような計算になります。

課税標準額200万円×税率10%－9万7500円
＝所得税10万2500円

つまり、10万2500円が所得税になるというわけです。

住民税は、課税所得に10%をかけたものです。課税所得の計算の仕方は、所得税とはちょっと異なりますが、だいたいこのような方法で算出されると思っていいです。だからこの人は、所得税、住民税合わせておよそ30万円の税金を払うということになります。

会社と個人事業者の税金の違い

で、ちなみに会社の税金はどういうふうに算出されるのか、ということも簡単にご紹介しておきましょう。

会社の税金は、ざっくりいって次のように算出されます。

（売上－経費）×法人税率＝法人税

これだけ見ると、個人事業者と同じように単純ですよね。

ただ、会社の税金で面倒なのは、社長の収入と会社の収入は分けて考えなくてはならない、ということです。

個人事業者の場合、売上から経費を差し引いた残額は全部が、その人の収入ということで計算されます。

しかし、会社の場合、売上から経費を差し引いた残額は、経営者の収入というわけではありません。会社の利益は会社のものであり、これには法人税が課せられるのです。

そして経営者は、会社から報酬をもらっているという図式になっています。

法人税法では、社長といえども、会社から報酬をもらう「給与所得者」という建前になります。だから、社長の税金は、給与所得者として所得税が源泉徴収されているのです。だから、会社の利益と経営者の収入は別物なのです。その点が、個人事業者と大きく違うところです。

会社というものは、会社の利益に対して法人税が課せられ、社長の給料には所得税が課せられるので、見方によっては、経営者は二重に税金を払っているようなものです。

しかし、経営者の報酬は、会社の経費に計上できるので、会社の経費をうまく調整すれば法人税を払わずに済んだりします。だから、事業全体のバランスを考えて、うまく節税すれば、個人事業者よりもトータルの税金の額は少なくなることもあります。

会社を作ったら本当に税金が安くなるのか？

世間では「会社を作れば税金が安くなる」ということが時々いわれます。

芸能人なども売れ始めると、会社を作ったりしますからね。

だから個人事業者やフリーランサーの人の中には、会社組織にしようかと考えている人も多いのではないでしょうか?

でも本当に会社を作ったら、税金が安くなるのでしょうか?

実は会社を作っても、一概に税金が安くなるとはいえません。

個人事業者やフリーランサーが、会社を作ったとき、もっとも大きなメリットというのは、夫や妻や親族を社員にして、会社の利益を給料として吐き出し、自分の収入を分散する、ということです。ほかにも会社の節税策はいろいろありますが、一番大きいのはこれだといえます。

芸能人なども、会社を作ったら必ず自分の身内を役員などにしているでしょう?

でも、身内を役員に入れるということは、それなりの役員報酬を身内に払うということであり、かなり儲かっていなければできないことです。

だから、会社を作っても身内を役員にするほど儲かっていなければ、あまり意味はないのです。

それと、会社を作った場合、帳簿をきちんとつけなくてはならないというハードルがでてきます。

会社を作ると、登記や決算書など、面倒なことが増えます。また税金を安くするためには、相当な知識と綿密な計算が必要とされます。

青色申告にするのは大変だ、と先述しましたが、会社を作る場合は、それ以上の大変さがあります。経理初心者の人が、いきなり会社の経理をするのはほとんど不可能です。

経理の知識がまったくない人が、いきなりそれをやるのは、かなり難しいものがあります。となると、税理士に頼まなくてはなりません。税理士に頼めば最低でも年に10万円くらいは必要ですし、普通に会社の経理全般を見てもらうならば、30万円以上は必要になります。また登記費用もかかりますので、会社という形態を維持するだけでもけっこうお金がかかるのです。

一方、個人事業の場合は、経理に関してはさほど大変ではありませんし、登記費用などもほとんど必要ありません。先ほどご紹介したように小規模事業者（年売上約１０００万円以下）の白色申告者ならば、事実上、記帳の義務はほとんどありません。

そして会社というのは、個人事業よりも税率は高いのです。

個人事業の所得税は、所得が１９５万円までは５％、３３０万円までは10％で済みます。

しかし会社の場合は、最低でも税率15％からスタートします。利益が1万円であっても、15％の法人税がかかるのです。

また前述しましたように会社は、法人税と法人事業税を払った上に、経営者は会社から給料をもらうことになるので所得税、住民税がかかってきます。なので、経営者にとっては、会社で税金を取られた上に、個人としても税金を取られるということになるのです。

個人事業ならば、法人税はかからないので、所得税と住民税、それに個人事業税のことだけを考えていればいいのです（事業税は場合によっては払わなくて済みます）。

会社というのは、節税策がたくさんあるので、方法によっては個人事業よりも税金は安くなります。

しかし、それは、会社として経理などがきちんと整っていた場合のことです。帳簿類がちゃんと整備されて、さまざまな節税策が講じられたときに、はじめて「会社にしたほうが税金が安くなる」となるのです。

なので、最初は個人事業で始めておいて、事業が軌道に乗って売上や利益が相当な額（最低でも売上1000万円以上、所得400万円以上）くらいになったとき、会社にした方がいいと思うのです。個人事業の場合は、白色申告ならば経理に関してそれほど大変ではないし、経理素人でもできますからね。

領収書じゃなくてもレシートで大丈夫

これは、前著でも述べたことなのですが、事業の経費を計上するときは、必ず領収書がなくてはならないと思っている方も多いようですが、これは誤解です。

領収書というのは、経費を証明する、重要な証票類ではあります。しかし、これがなくては絶対に経費として認められないのか、というとそうではないのです。実際に支払いがあるのなら、領収書がなくても経費として認められるのです。

また領収書の様式についても、実は税法上の規定などはありません。ぶっちゃけていえば、領収書の様式などはどうでもいいのです。

経費の計上では、自分の宛名が書かれて、先方の印鑑が押してある正規の領収書じゃないと、ダメだと思っている人もいるようですが、そんなことはないのです。会社によっては社員の経費請求のときには、きちんと宛名が書かれた正規の領収書を必要とすることもあるようですが、それはあくまでその会社の内部規定に過ぎません。

領収書というのは、絶対に必要なものではなく、経費の支払いを証明する証票類の一つに過ぎません。逆にいえば、経費の支払いさえ証明できれば、領収書じゃなくてもかまわないのです。

ですから、ちょっとした支払いや買い物ならば、レシートで十分なのです。レシートには、その支払内容と金額、日付などが明記されていますから、証票類として立派にその役目を果たすのです。

何かの支払いをしたときに、必ず領収書をもらわなくてはならない、と思っている方も多いようですが、決してそうではありません。コンビニなどでも、わざわざ領収書をもらっている方をときどき見かけますが、あれはまったく無駄なことです。レシートをもらったのならば、その上に領収書までもらう必要はないのです。

領収書をいちいちもらっていたら、財布の中がかさばりますしね。だから、普通の買い物の場合（大きな金額でない場合）は、レシートだけをもらっておけばいいのです。

領収書をもらい忘れたとき、どうすればいいか？

領収書というのは、ついもらい忘れたり、紛失してしまうというようなことも多いものです。

「あれをもらっておけば、けっこう金額が大きかったのになあ」
「あの領収書をなくしてしまったのは痛いなあ」

などと申告時期になって後悔する人もいることでしょう。

しかし領収書をもらい忘れていたり、紛失しても、あきらめることはありません。

前項でも述べましたが、領収書というのは、必ず取っておかなければならないものではありません。

税金の申告というのは、事実に基づいて行わなければなりませんが、その事実を証明するものの一つとして、領収書が存在するわけです。領収書があるに越したことはありませんが、ないからといって経費計上をあきらめる必要はまったくないのです。

「領収書がないのに、どうやって経費を計上すればいい？」

と思った人もいるでしょう。

領収書がない場合は、「事実」を基準にして経費を計上すればいいのです。つまり実際に支払いがあって、その支払が経費として認められるものならば、計上してかまわないのです。

何年何月何日に、どういう内容で、いくらの支払いがあった、ということを明示しておけばいいのです。

もし、支払金額の詳細がわからない場合は、最低このくらいは払ったという額を計上しておきましょう。

たとえば、とある飲み屋で接待交際に3万円ちょっとを使った場合。3万円以上使ったことは覚えているけれど、端数がわからない、そういうときは、3万円で計上しておけばいいのです。

税務署は、多く計上していた場合は執拗《しつよう》に咎《とが》めますが、少なめに計上していればスルーするのです。実際の額をしつこく追及して、経費を増やすようなことはしたくないからです。

ただし、領収書がなくてもいいからといって、わざと領収書をなくしたりするのはまずいでしょう。領収書がなくてもいいというのは、故意に領収書を取っておかなくていいということではありません。

わざと領収書を取っておかない場合は、「申告が不正確だ」として、税務署から徹底的に調査される恐れもあります。そんなことになると面倒です。

基本は、「なるべくなら領収書を取っておくこと」です。でも、「もしやむを得ず領収書をもらい忘れたものがあったら、実際の金額以下を計上していれば問題はない」ということです。

領収書等をほとんど残していない時はどうすればいいか？

前項では領収書がなくても、経費にする方法を紹介しましたが、それはあくまで領収書がない部分を補うための方法です。

しかし、個人事業者の中には領収書を何枚かもらい忘れただけではなく、ほとんど領収書を残していないというような方もおられるかもしれません。経理について、まったくの初心者の方などは、領収書に関する観念が乏しいこともありますからね。

そういう場合、どうすればいいでしょう？

白色申告で年間所得が３００万円未満の人は、記帳をしていなくてもＯＫなので、証拠書類がないこと、記帳がされていないことで、罰則を受けるということはありません。

ただ、税金の申告は正確にしなければならない、というルールがあるので、証拠書類を残していないということは、それに抵触する可能性はあります。そういうことは、うすうすは経理初心者の方もわかっているわけです。そのため、領収書などの証拠書類を残していない人は、申告自体ができなくなる場合もあるようです。

私の知り合いでもそういう人がいました。

その人は、もう何年も確定申告をしていませんでした。確定申告をしたいのだけど、領収書を残していない、だからしたくてもできないのです。1年しないと2年しなくなり、ついには5、6年ずっと確定申告をしていない状態になってしまっていました。

さすがにそれは非常にまずいです。

無申告だといつか税務署にばれて多額の追徴税をくらうかもしれませんし、無申告の状態が続くと、社会保険にも加入しにくいし、銀行からの融資なども到底無理です。社会的な信用もまったく得られません。

そういう事態を避けるために、領収書がまったくなくてもできる緊急避難的な確定申告方法をここでご紹介しましょう。

ただし、注意していただかなくてはならないのは、この方法は、正規の方法ではないということです。

だから税務署から否認される場合もありえます。なるべく否認されないようなやり方をご紹介しますが、完全ではないということです。なので、そういうリスクもありうるということを念頭において、自己責任でやってください。

そして、当座の申告は、これで済ませておいて、今後の申告はきちんと証拠書類を残し、それを基に申告書を作成するべきです。

さて、領収書がなくても申告する方法を簡単にいえば、「概算で申告をする」ということです。つまり、だいたい売上はこのくらい、経費はだいたいこのくらいだから、所得はこのくらいです、と申告するのです。

しかし、何の根拠もないテキトーな数字を並べるだけではまずいです。だから、なるべくその概算値に根拠を持たせるのです。

たとえば、売上がわからない場合、なにかを基準にします。

何日か分の売上がわかる場合は、その平均を出して営業日数をかけるという方法があります。また月の売上がわかる場合は、それに12をかけるという方法もあります。「同規模同業者」がいれば、その同業者の数字を基に算出する方法もあります。

とにかく何か、根拠となる数字を見つけるのです。その数字を基準に年間の売上額をはじき出すのです。

経費も同じように、何かを根拠にします。水道光熱費だったら、月にどのくらいかで、年間額を計算します。同じようにして、他の経費もはじき出すのです。

領収書なしで概算で確定申告する方法

また売上はわかっているけれど、経費はわかっていないというような場合は、経費率を掛けるという方法もあります。経費率というのは、売上の何十パーセントかを経費として計算するということです。

これは消費税の簡易課税制度である「みなし仕入率」を参考にするといいでしょう。これは、売上が5000万円以下の小規模事業者は、消費税の仕入額を実額ではなく、簡便な計算で算出してもいいというものです（事前に届け出をした業者のみ適用）。

みなし仕入率というのは、売上にこの「みなし仕入率」をかけた額を、仕入額とみなすということです。

たとえば、4000万円の売上がある小売業の人がいたとします。小売業のみなし仕入率は80％なので、4000万円×80％で3200万円を仕入額として計算するのです。

みなし仕入率は、業種によって数値が決まっており、以下のとおりです。

卸売業　90%
小売業　80%
製造業等　70%
その他の事業　60%
サービス業等　50%

この「みなし仕入率」は、経費率としても準用できます。

このみなし仕入率というのは、全国の業者の統計を参考に作られています。この数字を基準にしていれば、およそ普通の業者は経費計上ができるというわけです。

ここに挙げた数字のプラス数パーセント程度ならば、だいたいは大丈夫と思われます。

ネットの通信販売業であれば、みなし仕入率80%の小売業にあたります。なので、売上の80%くらいまでは経費を計上しても、大丈夫というわけです。年商が1000万円だった場合、800万円くらいは経費に計上しても、そう問題視されることはないということです。

たとえば、フリーランスでデザイナーの仕事をしている人の売上が3000万円あったとします。デザイナーの場合は、「サービス業等」に該当しますので、みなし仕入率は50％です。3000万円×50％が仕入額となりますので、1500万円を経費として計上するのです。

自分がどの業種に入るかは、国税庁のサイトで確認するか、直接、税務署に問い合わせてみてください。

概算での確定申告は実は税務署でもやっている

前々項では、概算で申告する方法はもしかしたら税務署から否認される恐れもあるということも述べました。

しかし、概算で確定申告するという方法は、実は税務署でもやっているのです。

というより、概算で申告をすること自体、税務署が始めたものなのです。

税務署の納税相談には、証拠書類や帳簿などまったくないという人が申告をしに来ることもあります。

そもそも、納税者が自分で税金を計算し、自分で申告をするという制度（申告納税制度）ができたのは、第２次世界大戦後のＧＨＱの指導が発端なのです。でも、小規模事業者には、なかなか自分で経理をして、申告までこなすということはできません。

だから税務署は、「納税者が自分で申告する」という原則がありながら、税務署で納税者の申告を手伝ってあげる、ということを始めたのです。

税務署としても、なるべく証拠書類を残したり、記帳をするように指導していますが、それまでやったことがない人にとってはなかなか難しいものです。証拠書類や帳簿などがないからといって追い返すわけにもいかないので、それらがまったくない状態でも申告をしてあげるのです。

その場合、毎月のだいたいの売上、経費を聞き取ります。もしわからなければ、「今年は去年と比べてどうでしたか？」と聞き、去年より儲かっていれば去年の申告より少し多めに、去年より悪ければ去年の申告より若干少なめに申告書を書いてやる、などという裏ワザも使います。

もちろん、納税者としては税金はなるべく少ない方がいいので、だいたい「去年より悪い」というようなことをいいますが……。

税務署員がそこまでするのは、申告をしないよりはいい加減であっても申告させた方がいいからです。もし、「正確じゃないと申告をしてはならない」ということになれば、申告をしない人が大量に出ます。申告をしなければ無申告という扱いになります。そして一度、無申告になった人は、もうなかなか税金の申告をしようとはしません。そうなると、税務署は税金を徴収できません。

だから、税務署は、とりあえず申告だけはさせておいて、年々、指導して、そのうちきちんとした方法で申告させようと思っているのです。

だから、領収書などがまったくない場合でも、申告をしないよりはしたほうがいいわけです。税務署としても、そちらのほうがありがたいわけです。

実態とかけ離れていなければ税務署が否認するのは難しい

概算で申告すると、税務署から否認される恐れがあると前述しましたが、実際に否認することは税務署側にとってかなり高いハードルでもあります。

税金の申告というのは、先ほども述べましたように「申告納税制度」といって、税金は納税者が自分で申告して自分で納めるという制度を採っています。

そして税金の申告は、原則として申告通りに認められます。つまり、納税者が申告した内容は、原則として認められるということです。税務当局は、申告内容に間違いがあるときに限って、それを修正させたり追徴したりできるわけです。

つまり、納税者が「自分の申告が正しい」という証明をしなければ申告は認められないのではなく、税務当局がその申告が正しくないという証明をしない限り、申告は認められるのです。

ということは、概算での申告であっても、一旦、申告は認められます。そしてその申告に誤りがあったときに初めて修正されたり、追徴されたりするわけです。

概算の数字が、現実とかけ離れていなければ、税務署はこれを否認することはなかなか難しいのです。

税務署としては、概算の申告を否認しようと思えば、それなりの材料を用意しなければなりません。しかし、帳票類はほとんど残っていないのだから、税務署は材料を揃えることが非常に困難です。

とても儲かっている人が明らかに少ない所得で申告しているのならば、税務署が否認することも可能ですが、それほど実態とかけはなれていない額を概算で申告しているのならば、税務署としては認めざるを得ないというのが、現実的なところなのです。

確定申告の期限は3月29日？

確定申告の申告期限は、3月15日ですよね？

「確定申告は3月15日まで」

というのは、国税庁が一所懸命に宣伝していますからね。自営業者やフリーランサーの方はだいたいご存知でしょう。

その日が土日であれば、翌週の月曜日が期限になりますが、だいたい3月15日ということになっています。

でも、事実上の申告期限は、3月15日じゃなくて、3月29日なのです。

知らなかったでしょう？

こういうことは、国税庁はほとんど宣伝しませんからね。

平成18年度の税制改正で、申告期限から2週間以内に申告をし、納付期限内に税金を納めている場合は、無申告加算税は課せられないようになったのです。

これはどういうことかというと、３月15日までに納税だけした場合、それから２週間後までに申告していれば、ペナルティーはないということです。

通常、申告が遅れれば、「無申告加算税」といって５％の税金上乗せペナルティーが課せられます。しかし、２週間以内ならば、それは免除します、ということなのです。

これは、「うっかりミスで加算税を課すのはかわいそうだ」ということで、期限内に申告する意思があるものには、特例として加算税を課さないという制度です。

これって、けっこう重要な情報でしょう？

３月って、事業者の人は忙しいことが多いですよね？

企業は３月が決算期になっているところが多いので、企業相手の仕事をしている人は、３月は大忙しです。その忙しい時期に確定申告があるので、なんとか時期をずらせないものだろうか、と思ったことがある人もいるでしょう。

だから、忙しくてどうしても３月15日までに申告ができない人は、とりあえず税金だけは払っておいて、それから２週間以内に申告をすればいいのです。３月15日の時点で、まだ納付すべき税金がわかっていないときは、かかりそうな税額よりも少し多めに支払っておいて、差額は後から返してもらえばいいのです。

それと、報酬が源泉徴収されている人などで、税金の還付になる人は、期限内に申告しなくても構いません。フリーランサーなどは、報酬があらかじめ源泉徴収されていて、確定申告をすれば、税金が還付になる場合があります。そういう人は、しゃにむに3月15日までに申告しなくてもいいということです。納めるべき税金はないので、加算税はかからないからです。そういう人は、確定申告は5年以内であればいつでもいいのです。

納め過ぎた税金は1年以内なら取り戻すことができる

慌てて確定申告をしたばかりに、申告を間違えて税金を納め過ぎたという方もおられるでしょう。

そういう方には申告期限から1年間は更正の請求ということを行えば、税金が戻ってくる可能性があります。

繰り返しになりますが、個人事業者やフリーランサーの場合、3月15日が申告期限ですから（土日にかかるときは、翌月曜日）、翌年の3月15日までは還付の請求ができるわけです。

更正の請求というのは、間違えていた部分を記載して、税務署に提出するのです。税務署はそれをチェックし、それに間違いがなければ税金の還付をするのです。

では反対に申告が少な過ぎるときは、どうなるかというと、修正申告というものを出さなければなりません。これは過去5年までさかのぼることが可能です。

「少な過ぎるときは黙っていればいいじゃん」

と思ったあなた。そのうち天罰が下るかもしれません。

もし自分から修正申告を出さずに、税務署の調査や指導で修正させられた場合は、過少申告加算税を払わなければならないのです。税額は、追加して払う税金の10％です。だから少なく申告していることがわかったときは、自分で修正申告を出した方が安全なのです。

申告税額が少なかったら5年間さかのぼって追徴されることもあるのに、多過ぎる場合はたった1年しかさかのぼれないというのは、なんか不公平ですよね？　こういうところにも、税務当局の「多く納める分は構わないけれど、少なく納めたら許さん」という姿勢が出ているわけです。

が、ここでその文句をいっても仕方がないので、たとえ期限が1年間であっても、税金を納め過ぎた人は、きっちり手続きを取りましょう。

更正の請求は、ちょっと記載の仕方が面倒なので、税務署で書いてもらうといいかもしれません。その場合は、どこを間違えたのか、という点と、その証拠になるものを持って行って「税金を多く申告していたので、更正したい」と窓口でいいましょう。

そうすれば、税務署は「更正の請求」の申請書を作ってくれます。

また一度も確定申告をしていないサラリーマンの方（全部、会社でやってもらっていた）が、所得控除などの追加が見つかって還付申告をする場合、5年間さかのぼることができます。つまり、5年前の還付申告もできるということです。

税務署の相談室は使えるか？

税務署には相談室というものがあります。

相談室というのは、税務署が税金について教えてくれるシステムです。最寄りの税務署に電話すれば、つながります。

税務署は税金について、納税者がどんな質問をしてきても丁寧に答える義務があります。

この点が法律相談などとは違うところです。

法律に関する質問は、法務局に聞いても答えてくれませんからね。弁護士の無料法律相談なども、時間が限られていますし、徹底的に聞くわけにはいきませんからね。

しかし、税金に関する質問は、何時間かかろうと、税務署が無料で教えてくれるのです。だから、ちょっとでもわからないことがあったら、なんでも聞いていいのです。申告書を作っていて、もしわからない点があれば、徹底的に聞きましょう。

相談を担当する税務署員には、いわゆる怖い人はいないです。基本的に最近の税務署員は紳士的な対応をするようになっていますが、相談室の係員は特に紳士的です。

また相談室は匿名でも質問できるので、気楽に使いましょう。

ただし、確定申告の時期には、非常につながりにくくなるので、避けた方がいいでしょう。

なにもかも税務署で相談するのは賢くない

税務署は、毎年、確定申告の時期になると、申告相談会場というのを設置します。

2月の中旬に、税務署の敷地内にプレハブ小屋を作って、その中で税務署員やら、当番の税理士などが無料で申告書の書き方の指導などを行うのです。

ここでは、申告書の作成も無料でやってくれるので、経理素人としては、ここで申告書を作ってしまいたい、という誘惑にかられるかもしれません。

しかし、申告相談会場で確定申告書を作るのは決して得策ではありません。

何度もいいましたように、税務署というのは、税金をたくさん取ることに執念を燃やしています。そういう人に申告書の作成を頼むとどうなるでしょう?

絶対に、税金が高くなるような申告書になってしまうわけです。

税金というのは、グレーゾーンがたくさんある曖昧な世界です。厳しくしようと思えばいくらでも厳しくできますし、その逆もしかりです。

たとえば、自宅で仕事をしているので家賃、光熱費を8割経費に算入していたとします。

これを税務署員が見れば必ずこういうはずです。

「これはちょっと高すぎますね、4割にしておきますよ」

と。そして、実際に、家賃、光熱費の金額を書き直すでしょう。

でも、これは、納税者が自分で申告書を書いていれば、避けられることなのです。納税者が、家賃の8割を経費にしていても、税務署は一旦はその申告を受け付けなくてはなりません。そして、「家賃の8割は経費じゃない」という証拠を見つけて初めて申告の修正を指示できるわけです。

だから、申告相談会場に行って、申告書の作成をまるまる税務署員に委ねるということは、非常に危険なことだといえるのです。

かといって、自分一人で申告書を作るのは不安だ、税理士に頼むほどの余裕もない、という人も多いと思われます。

そういう人はどうすればいいか？

収支内訳書などの基本的な資料は自分で作っておいて、申告書の下書きも自分でやってみることです。そして、書き方がわからない部分だけを、税務署の申告相談会場で聞くのです。

そのときに、帳簿などの余計な資料はなるべく持っていかない事です。必要なものだけ持っていって、必要な部分だけ聞くのです。そうすれば、税務署員は必要なことしか答えられませんし、申告書に「余計な介入」をしてくることもないのです。

第5章 税務署に騙されるな！

税務署員はノルマに追われているセールスマンと同じ

「税金に関する正しい情報が少ない」ということは、繰り返し述べてきたことですが、税務署に関する情報となると、さらに少ないように思われます。

みなさんは税務署というものを大きく誤解されていると思います。

税務署というと「納税者に税金を正しく申告させるために仕事をしている」と思われがちです。

確かに表向きはその通りです。

でも、実際はそうではありません。

彼らの本当の目的は、「税金をどれだけ多く納めさせるか」なのです。OBの私が言うのだから、間違いありません。

しかも、あろうことか彼らにはノルマまであるのです。

彼らのノルマとは「税務調査に行ったときに、どのくらい追徴税を取ってこなくてはならない」というようなものです。

税務調査というのは、納税者の出した申告書に不審な点があるときに、それを確認するために行われる、というのが表向きの目的となっています。もちろん、それも税務調査の目的の一つではあります。

でも、税務調査の本当の目的は、そうではありません。

それは、「ノルマを達成すること」「追徴税を稼ぐこと」です。

国税当局は、正式には認めていませんが、国税局（税務署も含む）の調査官には事実上のノルマがあります。

「年間に何件調査しなければならない」

「年間にいくら以上、追徴税を稼がなくてはならない」

ということが決められているのです。

実際、税務署の調査官というのは、追徴税をどれだけ稼ぐかで、仕事が評価されます。だから、必然的に追徴税を取ることが目的とされるのです。

私が税務署員だったころは、各人の調査実績（追徴税の額など）を表にして、職員全員が回覧していました。よく保険会社の営業所などで、営業社員たちの契約獲得者数が棒グラフにされて、貼り出されていたりしますが、あれと同じようなものです。

だから税務署というのは、「追徴税を稼ぐ」という目的を持っていると思って、間違いないのです。

決して正義の味方ではありません。そのことは重々肝に銘じてください。

国税調査官のノルマ偽装事件とは？

「大村が税務署にいたのは昔のことだし今の税務署にはノルマなんかないんじゃないか？」

そう思う読者もおられるでしょう。ネットやマスコミがこれだけ発達しているんだから、税務署もそんな馬鹿なことはできないんじゃないか、と。

では、証拠をお見せしましょう。

２００８年５月に新聞各紙でこういうニュースが報じられました。

それは、広島国税局のある若手調査官が、企業が脱税行為などをしたように装った文書を偽造し、必要のない追徴課税をしたというニュースです。

この調査官は、虚偽公文書作成・行使の疑いで広島地検に書類送検され、広島国税局はこの調査官を即刻懲戒免職にしています。

この調査官は、企業3社に税務調査に行きましたが、脱税（悪質な所得隠し）は見つかりませんでした。にもかかわらず、悪質な所得隠しがあったように上司に報告、調査書を作成したのです。この調査官は、送付した直後に「誤送付だった」として自分で回収していたのです。そして偽の追徴税、約33万円を自腹を切って納付していたというのです。

このニュース、一般の人には何のことだかさっぱりわからないでしょう。

なぜこの調査官は脱税をしていない企業が脱税をしているように装った文書を作らなければならなかったのか？

その答えが、ノルマなのです。

この調査官は、ノルマがあったからこそ、このような愚挙に出たのです。

おそらくこの調査官は、3件税務調査に行って、3件とも問題がなく、追徴税を稼げなかったのでしょう。でも、それを上司に報告することができずに、「不正発覚」をでっちあげたのでしょう。

もし、調査官にノルマがなければ、こんなバカなことはしないはずです。

こういう事件は、実は珍しいことではありません。15年ほど前にも似たような事件が起きて、新聞報道されています。新聞報道されているのは、国税当局が隠しきれなくなったものだけであり、報道されていない類似事件は腐るほどあるのです。

このように、税務署には紛れもなくノルマがあるのです。

「税務調査＝脱税」ではない

「税務調査が来る」

となると、納税者側からすれば、「自分は何か悪いことをやったのだろうか？」というような不安にかられるものです。

何も悪いことをしていなくても、税務署は自分の申告のことを何でも知っていて、自分には実は重大な誤りがあったのではないか、というような気分になってしまいます。

特にまだ税務調査を受けたことのない方は、税務署が調査にくるというと、どうしても「脱税」というイメージをもたれていることが多いようです。

しかし、誤解されやすいのですが、「税務調査される」ということと、「税金をごまかしている」ということは、イコールではないのです。

税務調査というのは、どういうときに行われるのかというと、原則としては「申告書に不審な点があったとき」ということになっています。

けれど、実際には必ずしもその通りというわけではないのです。

税務署は、１年間に一定の件数の税務調査をしなければならないようになっています。年度が始まる前に作られる「事務計画」で、税務調査をする件数が決められているのです。その件数をこなすためには、「不審な点がある申告書」だけを調査していても足りません。

それに申告書というのは、それを見ただけでは、正しいかどうかがわかるものではありません。

実際に申告者のところに行って、帳簿や関係書類を見せてもらったり、事業の状況などを聞かせてもらったりしないと、本当のところはわかりません。

なので、ある程度の規模で、順調に事業を続けている事業者は、税務調査が行われる可能性は常にあるのです。

税務署は鬼でもなければ神でもない

普通の人は、税務署のことを非常に恐れているものでしょう？

「税務署はなんでも知っている」

「税務署が来たら、一巻の終わり」

などと思っている人もいるようです。

しかし、実際にはそういうことはありません。

経理初心者の方の中には、税務署が調査に来るということだけで、「税務署は脱税の証拠を握っている」などと思ってしまう人もいるようです。

でも、先ほども述べましたように、税務調査というのは、脱税の証拠があるときにだけ行うものではありません。普通に営業していて、一定以上の規模の事業者ならば、数年に一度は税務調査が行われるものなのです。

税務調査の経験がない人は、税務署というのは、なんでも知っていて、ちょっとでも申告をごまかすとすぐにわかる、というように思っている人も多いようです。それは、税務署を過大評価しすぎというものです。

税務署というのは、確かに申告の誤りやごまかし、脱税を見つけるのが仕事です。日々、脱税を見つけるために、努力をしています。

しかし税務署というのは、神ではありません。あなたのことをすべてお見通しというような、すごい技は持っていないのです。あなたの事業を四六時中見張っているわけではないのですから、すべて見通すようなことはできないのです。

たとえば、あなたが仕事とはまったく関係のない友達と酒を飲みに行ったとします。それを交際費に計上していたとします。その領収書を税務署員が見て「あなたは仕事と関係のない人と飲みにいったので、この領収書は交際費とは認められません」と即座にいい当てるなんてことはありません。

もちろん、あまりに交際費が多すぎれば、「交際費は、多すぎないですか？　本当に仕事に関係のある飲食費ですか？」くらいのことは聞いてきます。そして、一緒に行った相手を聞き出して、その相手先に確認の連絡をするくらいのことはあり得ます。

しかし、領収書を見ただけで、それを白か黒か即座に判断したり、あなたの事業内容をすべて把握したりはしていないのです。

また税務署員は、鬼のような人たちで、強引に家の中に押し入り、何から何まで調べあげる、というふうに思っている人も多いようです。

税務署というと、テレビや映画で見られる「マルサ」のようなイメージがあり、問答無用で家の中に入ってきて、税金に関して厳しく問いただし、手当たり次第にひっかきまわしていく、というように思われているようです。

しかし、「マルサ」（国税局査察部）というのは、悪質で、多額な脱税犯に対してだけ出向くチームなので、一般の個人事業者、フリーランサーの方に来ることはほとんどありません。

マルサ以外の税務署員というのは、それほど厳しい指導、調査などはしていません。昔の税務署員は大声を張り上げて、威嚇《いかく》するようなこともありましたが、昨今ではほとんどありません。今、そんなことをしたら、ネットやマスコミにたちまち取り上げられて、税務署は仕事ができなくなります。

確かに税務署員は、追徴税を取るのが至上命題です。そのために、日夜、非常に研究努力を重ねています。が、かといって鬼のように厳しく、神のように何でも知っている、凄《すご》い存在でもないということです。

税務調査には「事前予告調査」と「抜き打ち調査」がある

個人事業者の方は、税務調査を受けたことがない方も多く、そのことがかえって税務調査に対する恐怖心を増幅させているのかもしれません。

なので、税務調査とはどういうものか、ここでちょっとお話ししたいと思います。

税務調査には、大きく分けて二つのやり方があります。

一つは、事前に「○月○日に税務調査をします」ということを納税者に打診した上で行う「予告調査」です。

もう一つは、予告はせずに抜き打ち的に行う「無予告調査」です。

税務調査は本来は「予告調査」が原則です。

日本は、申告納税制度の国であり、納税者の出した申告書を最大限尊重する、ということになっています。そして、税務調査をするときも、納税者の同意のもとに行うこととされているのです。

しかし、条件付きで無予告での抜き打ち調査も認められています。その条件というのは、「あらかじめ重要な情報があって、明らかに脱税が見込まれるもの」もしくは「現金商売の場合」です。

「あらかじめ重要な情報があって、明らかに脱税が見込まれるもの」というのは、巨額な脱税事件などに適用されるもので裁判所に許可を取って行われる、いわゆるマルサの調査です。

そして「現金商売の場合」というのは、不特定多数の顧客を相手に、現金で商売する業種、小売業やサービス業などを指します。これらの業種では、売り上げた金を隠してしまえば、どこにも記録が残らず脱税が成立してしまう可能性があるので、特別に抜き打ち調査をすることが認められているのです。

しかし、税務調査が来るからといって、必ずしも脱税をしているということではありません。

この点はしっかり念頭に置いておきましょう。

あなたにも税務調査は来るのか？

個人事業者やフリーランサーの人は、確定申告をしたとき、税務署が何かをいってくるのではないか、税務調査にくるのじゃないか、というような不安を持っている人も多いのではないでしょうか？

税務署は誰にとっても嫌なものですからね。

特に、開業してまだ間もない方や、経理の初心者の方は、確定申告のたびにビクビクしている人もいるのではないでしょうか？

税務署は、申告のすべてをある程度チェックしていますので、確定申告をしている人ならば、誰でも税務調査を受ける可能性があります。

が、確定申告をしている人は２０００万人以上（平成11年以降）もいるわけなので、全部の人に調査をすることはできません。やはり、若干の基準のようなものはあるわけです。

それをここでお話ししましょう。

税務調査をするかどうかの基準というのは、地方によっても違うし、各税務署でも違うので一概にはいえないのですが、小さい規模の事業者にはあまり行きません。

具体的にいうと、都心部ならば売上１０００万円未満のところには、ほとんど行かないでしょう。

繰り返しになりますが、税務署の仕事というのは、たくさん税金を取って来ることです。税務調査先の選定でも、必然的に「多額の追徴税が見込めるもの」が優先されます。だから、税金をあまりたくさん取れない小規模の事業者は、お目こぼしになる可能性が高いのです。

ただ脱税をしている重要な情報を税務署が握っていたりすれば、小規模の事業者にも税務調査をすることがあります。たとえば簿外口座に売上代金を振り込ませているのを把握したりしたときなどです。

また事業者の少ない田舎では、売上1000万円未満でも調査することがあります。

どんな事業者が税務調査を受けやすいか？

前述したように、一定の規模を持ち、普通に営業している事業者ならば、どんな会社でも税務調査が行われる可能性があります。

しかし普通に営業している事業者のすべてに定期的に税務調査があるわけではありません。税務署の人数はさほど多くありません。なので、ある程度は申告書を見て、条件を絞り、税務調査をする事業者を選ぶことになります。

では、税務署は申告書のどこを見ているのか、どういう基準で税務調査をする事業者を選ぶのでしょうか？

まずは売上が上昇しているのに、利益があまり出ていない事業者ですね。こういう事業者は、脱税をしている可能性が高い、ということで、真っ先に税務調査の対象となります。

次に、「あの店は繁盛している」という噂があるのに、あまり申告額が多くない事業者。

こういう事業者も税務調査の対象になりやすいです。

それと、例年と比べて数値の変動が大きい事業者も税務調査の対象になりやすいです。たとえば急に人件費が増えたような事業者です。

例年は人件費が年間１０００万円くらいしかかかっていないのに、今年は１５００万円になっている、そういう事業者は、架空の人件費を計上して、脱税しているんじゃないか、などと疑うわけです。

税務調査の対象となりやすいのは、だいたいこういう事業者ですね。

税務調査をされにくい申告書の作り方

前項では、どんな事業者が税務調査を受けやすいか、ということについて述べました。しかし「売上が上がっているのに、利益が上がっていない」などの事業者でも、必ずしも脱税をしているとは限りません。ちゃんとした事情があって、売上が上がっていても利益が上がっていなかったり、人件費が急増したりするケースもあるわけです。

税務署というのは、あなたの所得や税金について必ずしも豊富な情報を持っているわけではありません。だから、あなたが別に何も悪いことをしていなくても、あなたの申告書に不審な点を見つけて、あなたに税務調査をしようなどと思うことがあるかもしれません。

納税者としては、こんな迷惑な話はないわけですが、税務調査というのは、申告書に不審点があれば行えるわけで、納税者はそれを甘受しなければなりません。もし、税務署の勘違いだったとしても、です。だから、これぱかりは防ぎようがないわけです。

しかし、こういう危険を完全には防げないまでも、ある程度は避けることができます。それは、税務署が不審を抱かないように、あらかじめこちらから事情の説明をするのです。

申告書の収支内訳書には、「本年中における特殊事情」という欄があります。

この欄に、こちらの事情を書いておき、自分が決して税金を誤魔化したりはしていないことを説明しておくのです。

税務署というのは、猜疑心《さいぎしん》の塊のようなところです。納税者というのは、税金を誤魔化すものと思っています。

特に、売上が増加しているのに、納税額が増えていなかったりすれば、「こいつは税金を誤魔化しているんじゃないか」「税務調査をしてみようか」などと考えるわけです。

でも、売上が増加しているからといって、儲かっているとは限りません。今年は仕事の利益率が下がったので、たくさん仕事を引き受けなければやっていけず、そのために売上だけが上がったという場合も多々あります。

そういう事情があるのなら、その事情を特記事項として、この欄にしっかり記載しておくのです。

税務署の方も、無駄な税務調査はしたくないので、そういう詳細な事情が書かれていると助かるのです。特殊事情の欄は限られていますので、スペースが足りなければ、別紙に書いても構いません。

また申告書には、いろんな資料を添付したり同封することもできます。自分が儲かっていないということを証明するために、より詳細な資料を送っていいのです。

税務調査の日程はずらすことができる

税務署に目をつけられないためには、どんな申告書を作ればいいかというお話を先述しました。

でも残念ながら、完璧に税務調査を回避する方法はありません。

しかし、税務調査の日程をずらすことはできます。

税務調査には、強制調査と任意調査というものがあります。

強制調査というのは、いわゆるマルサの調査でありまして、起訴されるような大きな脱税に対して行われるものです。マルサは、裁判所の許可状を取っていますので、この調査を断ったり逃れたりするすべはありません。

しかし強制調査は、だいたい1億円以上、少なくとも数千万円の脱税が見込めないと行われません。

全国で年間200件くらいです。

なので、ごく普通の事業者の方や、個人事業者、フリーランサーが、強制調査を受けることはまずありません。

で、任意調査というのは、納税者の任意で行われるものです。税務調査のほとんどはこの任意調査です。

あなたがもし税務調査を受けるとしたら、ほぼ任意調査だと思って差し支えありません。あなたが、年間200件程度の極悪脱税犯である可能性は、非常に低いですからね。

ただし、この任意調査、任意だからといっても、納税者が調査をまったく断ってしまうことはできません。

税務署には税金に関してはどんなことも質問したり、調べたりできる「質問検査権」という権利があります。そして納税者には、税務署が質問をしてきたときには、それに答えなければならない「受忍義務」があるのです。

もし税務署の質問に嘘の回答をした場合や、知っていることを黙っていた場合、ペナルティーの対象となります。警察の捜査のような黙秘権はないのです。

だから任意調査といっても、完全な任意ではなく、任意と強制の中間あたりといえます。

任意調査の場合、普通は税務署から事前に「何月何日に税務調査をしたい」という打診があります（ただし前述したように現金商売の場合は、抜き打ちで調査に来ることもあります）。もしその日に大事な仕事の用事がある場合は、税務調査を延期してもらうこともできます。抜き打ちで税務調査に来たときも、その日がどうしてもはずせない用事があるときは、延期してもらうこともできるのです。

ただ、いつもいつも延期にばかりすることはできません。

先ほども述べましたように、納税者は税務に関する質問に必ず答える義務があります。いつも延期すると、この義務を果たしていないとみなされることもあるのです。また延期するときには「いついつならばＯＫ」ということを税務署と約束させられることが多いです。

だから、税務調査を逃れる方法としては、正当な理由があれば、一旦は税務調査を断れる、ということです。ただし、いつまでも逃れ続けられるものではない、ということです。

売上は抜いてはいけない

税金を安くしようというとき、経理初心者の方は「売上を少なく計上する」ということを考えがちです。まあ、はっきりいえば、脱税をしようということです。

「売上１０００万円のうち、８００万円だけ申告しておこう」

というようなことです。

さんざん、きわどい節税方法をご紹介してきていうのもなんですが、これは絶対にしてはいけません。

私は、倫理的に「そんな悪いことをしてはいけない」といっているわけではありません。売上を抜くことは、リスクが高いからダメだといっているのです。

確定申告の間違いには、二種類あります。

「うっかりミス」か、「故意に不正の申告」をするものです。同じ間違いであっても、両者の税務上の扱いはまったく違ってきます。

「うっかりミス」の場合は、追徴税が10％増しになるだけで済みます。しかし、「故意に不正の申告」をした場合は、追徴税が35％増しになります。しかも、この額が大きければ、脱税として起訴され、刑事罰を受けることもあるのです（だいたい不正に課税を逃れた額が１億円以上）。つまり、「故意に不正の申告」をした場合は、おおごとになってしまいかねないのです。


売上を抜くということは、もちろん「故意に不正の申告」をしたとみなされてしまいます。そんなおおごとになったら大変ですよね？

また売上を抜くのは、税務署にばれやすいことでもあります。

税務署というのは、日々いろんな情報を収集しています。

たとえば、私のようなフリーライターは、出版社から報酬、印税をもらうときには、源泉徴収票が発行されますが、この源泉徴収票は写しが税務署に提出されます。

また税務署は、いろんなところに税務調査に行きますが、その際、無作為に大量の領収書をコピーしていきます。だからあなたの発行した領収書も、回り回って税務署の手に帰しているかもしれません。

さらに、税務署は銀行にときどき調査に行きます。そこで、いろんな人の口座を勝手にのぞき込んでいます。で、だれの口座にどれだけの振り込みがある、ということを資料化していくのです。

だから、あなたが「わからないだろう」と思っていても、税務署はひそかにあなたの売上の情報を把握しているかもしれないのです。

で、もしあなたが売上を抜いていることが税務署にわかった場合、税務署は必ずあなたのところに税務調査に来ます。そして数日間、税務署にいろんなことを根掘り葉掘り聞かれたり、帳簿を調べられたりした上に、ガッポリと追徴税を取っていきます。

それは、とっても嫌なことでしょう?

くれぐれも、売上を抜いて税金を減らそうなどとは思わないことです。

「税務署が正しい」と思ったら大間違い

国民の方々の多くは、「税務署というのは税金のプロ」「税務署員は税金において間違うことはない」と思っておられるでしょう。

しかし、これは大きな間違いです。

繰り返しますが、税務署員というのは、税金をどれだけ多く取ってくるか、という価値観で仕事をしています。だから、たちの悪い税務署員には、納税者の無知につけこんで、払わなくてもいい税金をふんだくっていく者もいるのです。

前著でも述べたところですが、個人事業者の方にもぜひこの点を念頭に置いていただきたいものです。

というのも、会社の場合は、税務署も法にのっとった税務調査を行おうとします。会社には、税理士もついていたり、弁護士がついていたりすることもありますからね。でも、個人事業者の場合は、あまりそういうことがないので、適当なことをいって、追徴税を巻き上げにかかる税務署員がけっこういるのです。

そもそも、みなさんが思っているほど、税金というのはきっちり決められたものではないんです。

税金のマニュアル本などに、ときどき「税務署の担当者によって見解が違う」ということが書いてあります。これは、逆にいえば、税金というのは非常に曖昧な世界だということなのです。

税務署っていうのは、税金をたくさん取るのが仕事ですから、税務署のいう通りにしていたら、曖昧な部分もすべて税金を取られる方に解釈されてしまうわけです。

で、税務署の解釈が正しいのかというと、決してそうではないのです。

たとえば、納税者と税務署の見解が分かれたときには、最終的には裁判になります。いわゆる税務訴訟です。この税務訴訟では、国税側が負けることもしばしばあるのです。有名なところでは、役員や社員が、自社の株を買う権利「ストックオプション」の税務訴訟で、国税庁はたくさん負けております。

つまりは、「税務署が正しい」とはいえないのが本当のところなのです。

また税務署は、納税者が税務のことを質問したときに、答えるという義務を負っていますが、聞かれたこと以外はまったく答えません。「こうした方が税金が安くなりますよ」とは、絶対に教えてくれないのです。納税者が行っている経理処理のほかに、もっといい節税方法があっても、税務署側がすすんでそれを教えることは絶対にないのです。

その一方で、申告額がちょっとでも少なかったりすると、すぐに指摘し、追徴税を課します。つまり税務署は「納め過ぎた時は黙っているけれど、足りなかったらすぐに文句をいうところ」なのです。税務署というのは非常に〝悪い性格〟をしているのです。

また税務署員は、税務調査の中で、無理やりプライベートの居室に踏み込んだり、私物を見せるように迫ることもあります。

でも、納税者は税金と関係のないことについては、調べることを拒否することができるのです。調査官が、事務所の机の中を調べる時も、納税者の許可を受けた上でないとできないのです。もし何の断りもなく、机の中やそのほかの部分を見ようとすれば抗議できるし、最悪の場合、それを理由に調査を中止してもいいのです。

我々納税者としては、税務署の〝性格の悪さ〟をよく理解して対応しなければなりません。

「彼らのいうことは、必ずしも正しいとは限らない」

「彼らは税金を常に取ろう取ろうとしており、平気で嘘をつくこともある」

ということなのです。

あとがき

何度か触れましたが、本書は『あらゆる領収書は経費で落とせる』の続編です。

前著は非常にご好評をいただき、そのために続編も書かせていただいたわけですが、その一方で、たくさんのお叱りも受けました。

「こんな本は不謹慎である」

「税金はきちんと払うべきで、けち臭い節税などするな」

などなど、です。

まあ、それは正論でありますし、謹んでご拝聴させていただきました。

が、私とて、何も何の理由もなく、「税金はなるべく払わない方がいい」などといっているわけではありません。

「盗人にも五分の魂」

と言われるように、私にも私の言い分があるのです。

というのは、現在の日本の税制というのは、欠陥だらけなのです。今の税制は「不公平ここに極まれり」というほど、公平性に欠くものです。

一例を申しましょう。

トヨタの社長と、平均的なサラリーマンと、どちらの税負担率が大きいと思いますか？

普通に考えれば、トヨタの社長の方が税負担率が大きい、という予想になるはずです。しかし、あろうことか、実は現在の税制ではトヨタの社長の税負担率は、平均的サラリーマンよりも低いのです。

トヨタの社長、豊田章男氏の２０１０年の収入は約３億４０００万円です。そして彼が負担する所得税と社会保険料の合計は５４３８万円なのです。住民税を含めても約21％にしかなりません。

これに対して、平成20年のサラリーマンの平均年収は約４３０万円です。彼らが負担している税金と社会保険料の合計は１４９万円です。収入に占める割合は約35％なのです。

現在の日本の税制では、名目上、金持ちの税負担は高くなっています。でも金持ちの税金には、さまざまな抜け穴が作られ、実質的には庶民よりも金持ちの方が安くなるという逆転現象が起きているのです。

現在、配当所得は所得税、住民税合わせて一律10％でいいことになっています。豊田社長の収入の3分の2は、持ち株の配当によるものです。だから収入の大半は、所得税、住民税がわずか10％で済んでいるのです。

そして社会保険料にも大きな抜け穴があります。

現在の社会保険料は、掛け金に上限があり、だいたい年収1000万円程度の人が最高額となります。それ以上収入がある人は、いくら多くてもそれ以上払う必要はないのです。だから年収1000万円を超えれば、収入が増えれば増えるほど社会保険料の負担率は下がってくるのです。ざっくりいえば、年収3億円の人は、普通の人の30分の1の負担額となります。

こういうさまざまな抜け穴のために、トヨタの社長の税負担率は非常に低くなっているのです。

最近、日本は格差社会になったと言われますが、税を少しでもかじったものならば、「格差社会は税金が作ったもの」ということがわかるはずです。

バブル崩壊後、日本では大企業や高額所得者の税金は大幅に下げ、その代わりに消費税を導入しました。20年前に比べれば、高額所得者の税金は40％も下げられているのです。

その結果、億万長者の数はバブル期よりもはるかに多くなり、大企業の内部留保金も2倍近く増えたのです。その一方で、サラリーマンの平均収入は下がり続け、年収200万円以下の低所得者が激増しています。

この事実を知った上で、あなたは税金をまともに払う気になれますか？

しかも、さらに消費税の増税が決まっています。消費税の増税をする前に、金持ちにまともに税金を払わせるのが先、というものではないでしょうか？

こういうことがあるから、私は「今の日本で税金を払うことは非常にばかばかしい」「できる限り税金は払わない方がいい」と述べているわけで、そのための合法的なギリギリの節税手段をご提示しているわけです。

最後に、中央公論新社の黒田剛史氏をはじめ、校正、販売等、この本が書店に並ぶまでにご尽力いただいた皆様に、この場をお借りしてお礼を申し上げます。

2012年秋

著　者

Chuko Shinsho La Clef
中公新書ラクレ 437

税務署員《ぜいむしょいん》だけのヒミツの節税術《せつぜいじゅつ》

あらゆる領収書《りょうしゅうしょ》は経費《けいひ》で落《お》とせる【確定申告編《かくていしんこくへん》】

2012年12月10日初版
2013年 1 月10日 3 版

著者 大村大次郎《おおむらおおじろう》

発行者 小林敬和
発行所 中央公論新社
〒104-8320 東京都中央区京橋 2-8-7
電話 販売 03-3563-1431
編集 03-3563-3669
URL http://www.chuko.co.jp/

本文印刷 三晃印刷
カバー印刷 大熊整美堂
製本 小泉製本

Published by CHUOKORON-SHINSHA, INC.
Printed in Japan ISBN978-4-12-150437-1 C1233

定価はカバーに表示してあります。落丁本・乱丁本はお手数ですが小社販売部宛にお送りください。送料小社負担にてお取り替えいたします。

中公新書ラクレ刊行のことば

世界と日本は大きな地殻変動の中で21世紀を迎えました。時代や社会はどう移り変わるのか。人はどう思索し、行動するのか。答えが容易に見つからない問いは増えるばかりです。1962年、中公新書創刊にあたって、わたしたちは「事実のみの持つ無条件の説得力を発揮させること」を自らに課しました。今わたしたちは、中公新書の新しいシリーズ「中公新書ラクレ」において、この原点を再確認するとともに、時代が直面している課題に正面から答えます。「中公新書ラクレ」は小社が19世紀、20世紀という二つの世紀をまたいで培ってきた本づくりの伝統を基盤に、多様なジャーナリズムの手法と精神を触媒にして、より逞しい知を導く「鍵《ラ・クレ》」となるべく努力します。

2001年3月